動画で学ぶ
乳児保育

0・1・2歳児の遊びと援助

西 隆太朗
伊藤 美保子

hitonaru

目次

第Ⅱ部

動画で読み解く保育者の援助と環境　89

瞬間に応える援助／よく見ているということ

第Ⅲ部

0・1・2歳児の遊びと保育をとらえる視点 135

❧ プロローグ ❧

保育実践を
見ること、語り合うこと

　0・1・2歳児の保育のなかで、子どもたちが生きいきと遊び、保育者がこまやかに応答する——その様子は、言葉だけではつかみがたいものです。本書では、こうした保育の場面を動画に収め、そこから「乳児保育」のあり方について具体的な考察を深めています。

　このプロローグでは、保育実践を見て語り合うことの意義、保育観察を行った園や観察方法の概要について述べ、本書と付録DVDのつかい方をご紹介します。

プロローグ　保育実践を見ること、語り合うこと

動画を通して保育を考える

　私たちはこの10年以上にわたって、共同で保育の観察研究を行ってきました。本書ではこうした観察をもとに、0・1・2歳児の遊びと保育者の援助を動画で紹介し、乳児保育のあり方やその実際について考えていきます。

　保育には、言葉ではつくせない側面があります。幼い子どもたちが遊びの楽しみを創造していく様子や、こまやかに応答する保育者のかかわり、その空間にただよう雰囲気など、言葉だけでなく、動画によってこそ伝えられるものもあるでしょう。

　動画を通して、子どもたちの生きた姿にふれるとき、見る人の心にもさまざまな印象、感想、発見が生まれてくることでしょう。一日を終えた保育者たちが、その日の保育について語り合いたくなるように、動画を見ること、そしてそれについて語り合うことを通して、保育への理解や子どもたちへの思いを深めていただければと思います。

見ること、語り合うことから広がる世界

　保育をともに見ること、語り合うことから、新たな世界が広がります。保育の場面をあとからふり返って見るときに、違った気づきが生まれてくることもあります。同じ動画でも違う人が見れば、それまで気づかなかったような新しい発見が生まれたり、また同じ感動を分かち合ったりして、保育への理解や思いを互いに深めていくことができます。こうした語り合

いは、保育者にとっての楽しみの一つです。

　本書では各動画について、私たち著者による語り合いの一例を収録しました。それぞれの視点には、異なるところも共通点もあります。西は保育研究者・臨床心理学者として、伊藤は長年にわたって保育に携わり、主任保育士を務めた経験をもつ保育研究者として、動画から考えさせられたことについて話し合っています。そうした背景には違いもありますが、倉橋惣三（※1）・津守眞（※2）らの人間学的な保育学に影響を受け、支えられてきたことは共通です。

　保育は人間のあらゆる側面が育っていく場所ですから、それを理解する視点には多様なものがあります。読者の方々も動画を見て触発されるなかで、私たちとはまた違った形でも保育を理解し、発見されることでしょう。そうした理解の広がりには、それぞれに大切な意味があるのだと思います。とくに、いま保育をしている方なら、自分が担当している子どもたちへの思いと相まって、動画のなかの子どもたちの姿からきっと多くのことを感じていただけることでしょう。動画を一つのきっかけに、保育についての対話が広がっていくことを願っています。

※1　倉橋惣三（1882-1955）
　日本の保育学の開拓者。東京女子高等師範学校（現・お茶の水女子大学）附属幼稚園の主事（園長）を長く務めるなかで、子どもを尊重する人間的な保育のあり方を日本に広めた。主著『育ての心』（1936）ほか。
※2　津守眞（1926-2018）
　お茶の水女子大学名誉教授。終戦直後から、障碍をもつ子どもたちと家庭の支援に携わりながら、倉橋惣三を受け継ぎ、保育の世界における指導的役割を果たしてきた。1983年からは愛育養護学校校長に転じ、自らの保育者としての実践に基づく研究を進めた。主著『保育者の地平』（1997）ほか。

保育観察について

　動画は、私たちが保育観察を続けてきた保育園で撮影しました。私たちは毎週園を訪れて、午前中の遊びの時間に、いろいろなクラスで保育を見せていただいてきました。そのなかから、本書では0・1・2歳児の遊びと保育者の援助をとらえた動画を収録しています。

　「観察」といってもいわゆる「客観的」な観察とは違います。自然な形で保育に参加させていただいたので、子どもたちの呼びかけに応じて一緒に遊ぶことも多くありました。そんな歳月のなかで、本書に登場する子どもたちとも親しくかかわり、その子の個性や持ち味に、私たちなりにふれることができました。かかわりのなかで相手を理解していくあり方を、臨床心理学の言葉では「関与観察者」と呼んでいますが、私たちの場合はもう一歩かかわりを深めた「応答する観察者」であったと言うべきかもしれません。保育のなかの子どもたちを理解する上では、こんな親しみあるかかわりのなかでの観察が、かえってふさわしいように思います。

　写真・動画はすべて、伊藤が撮影しました。写真・動画・エピソードを本書に掲載することについては、園と保護者にご了解をいただきました。かけがえない保育の瞬間に出会えたこと、そして本書に快くご協力いただいたことに、感謝いたします。

　観察が実際にどんなふうに行われたか、また観察を行ったのがどんな園・保育環境であったかについては、動画1「イントロダクション」でご紹介します。子どもたちが自由感をもって、自ら遊びを創り出していける雰囲気を感じていただけると思います。

「自由感」のある保育

　子どもたちが「自由感」をもって遊ぶことのできる保育とは、どのようなものでしょうか。本書では、子どもたちから生まれる自由な遊びを数多

く取り上げていくので、ここで少し考えておきたいと思います。「自由感」とは心で感じるものですから、言葉だけではとらえがたいところがあります。自由保育の理念を掲げている園であっても、実際に子どもたちがどんな自由さをもって遊んでいるかはさまざまかもしれません。

この園で、私たちは実際に自由感をもって、自分自身を発揮して遊ぶ子どもたちの姿を見てきました。その様子は、動画のなかからも感じ取っていただけることでしょう。

たとえばままごとなら、いろんな材料をふんだんにつかって、自分でお料理をつくっている子どもたち。それは、部屋のなかにあるどんな素材も、自分の考えでつかっていいと知っているからできることです。その実感がなければ、子どもたちはいつも同じ材料、決められたやり方で遊ぶことになります。そうではなくて、自分なりの思いで、自分らしいやり方で遊んでいいんだ、ここはそういうことができる場所なんだと感じているから、生きいきと心から楽しむことができます。それが、自分で考え、新しいものを創造する主体的な人間を育てることにつながります。

そして、自分から「いないいないばあ」をして楽しむ子どもたち。この「いないいないばあ」は、幼い子どもたちにとって主体的な遊びそのものです。「ばあっ」と相手を驚かせるタイミングは、その子自身が判断しています。自分からしかけ、自分からタイミングを計り、自分自身を相手に示す。そのくり返しが、相手にも楽しみと喜びを与えることを知っているからこそ、「いないいないばあ」は楽しいものになります。相手もきっと受け入れてくれるという信頼があるから楽しいのです。

子どもたちの自由は、環境と関係性によって支えられています。それは園をつくる人々とその歴史のなかに、「自由感」が根づいているから可能になることです。環境と関係性の背景にあるものを、一つの「保育観」と言うこともできるでしょう。それは本に書かれている言葉の問題ではなく、実践のなかに根づいて、保育を支える大切なものだと言えます。

自由ばかりを尊重していては、子どもたちがわがまま勝手に育ってしまうかもしれないと心配する向きもあるかもしれません。けれども、環境と関係性に支えられた自由とは、そういうものではありません。「いないいないばあ」もそうですが、ともに楽しむという相互性があってこそ、遊びは楽しいものになります。子どもたちはタイミングを計りながら、相手はどう感じ、どう楽しむだろうかと、人の心や状況をよく理解し、配慮しているのです。自分自身から発するものが、相手や状況を破壊してしまうのではなく、ともに楽しむことにつながる。そんな肯定的な体験を積み重ねるからこそ、子どもたちは自分自身で考え、社会に対して建設的にかかわる人間へと成長していきます。それをあらかじめ、大人がすべてコントロールしてしまうなら、子どもたちの自我は成長を妨げられてしまいます。

　自由な保育は、ときに「放任」と誤解されることもありますが、むしろまったくの正反対だということもわかっていただけるでしょう。ここに述べてきたように、子どもたちの自由は、大人との相互的な関係に支えられているのです。子どもたちの自由を受け止めるときには保育者も、子どもの思いを理解し、状況をふまえて、身体的・心理的安全にも十分注意しながら、自分自身の考えをもってかかわります。子どもたちの主体性と自由は、大人の主体性と自由によって支えられているとも言えるでしょう。当然のことながら難しくもあるし、だからこそおもしろくもあるところです。また、言葉で論じるだけでなく、実践のなかで身をもって実現していく必要があります。その実際とはどういうものなのか——そんなことも考えながら、動画を味わっていただければと思います。

「保育を見る目」を養うために

　この園では幼いクラスから、子どもたち自身が自由に遊びを生み出していく様子を見ることができました。心から楽しむ充実した遊びを通して、子どもたちは能動性や相互性の経験を重ね、まわりの世界への知的関心を

広げながら、主体としての自分自身を築いていきます。人生の出発点となる乳幼児期の保育において、子どもが主体的に遊べるということは、かけがえない価値をもっています。

そうした自由で主体的な遊びは、最初から「これをやろう」と計画してやりきるというよりも、むしろ子どもたちが自分自身の興味・関心に沿って、いろんなことを試してみるなかから展開していくことが多いものです。保育者には、子どもたちの何気ない遊びにも目を留め、その子がいま何を楽しみ、どんなイメージを実現しようとしているのか感じとることが必要だと言えるでしょう。

本書の動画から、何気ないように見える遊びのなかにどんな思いが込められていて、保育者はその瞬間にどう応答していくのか、読み取っていただければと思います。そうした具体的な場面をこまやかにとらえ、理解を深めていくことは、見る人のなかに「保育を見る目」を養うことにもつながっていくでしょう。

本書の構成

本書では各動画に沿って、保育を考えていきます。プロローグの動画では、園の保育環境を簡単に紹介しています。第Ⅰ部では0・1・2歳児保育における遊びについての10の動画、第Ⅱ部では遊びにかかわる保育者の援助に関する7つの動画を取り上げました。もちろん遊びと保育者の援助は切り離せないものなので、ここでの分類は大まかなものですが、主な焦点を示しています。各場面の概要に加えて、私たち二人の著者による対話も掲載しました。

第Ⅲ部では、第Ⅰ部・第Ⅱ部の内容を踏まえながら、「保育を見る目」や、保育環境・保育者のかかわり、保育をともにふり返る省察など、0・1・2歳児の保育をどうとらえるかについての私たち二人の考えを、これも対話の形で記しました。

本書・付録 DVD のつかい方

　付録 DVD には、それぞれの事例に対応する動画（チャプター）を収録しています。

短くてポイントを絞った動画

　各動画は 1 分から 3 分程度の、短くてポイントを絞ったものになっています。

解説字幕つき

　動画には字幕をつけ、状況説明や解説を加えています。

スマートフォン等での視聴

　QR コードのついている動画は、スマートフォン等でもご覧いただけます。

各動画は事例を 2 回収録

　短時間の動画なので、同じ事例を 2 回くり返して一つの動画（チャプター）に収録しています。1 回目で全体を見た上で、2 回目で注目したいポイントをもう一度見ることができます。もちろん同じ動画ですので、1 回目のみを見てもかまいません。

動画を見る視点

　各事例には、「動画を見る視点」として西と伊藤が注目したポイントを例示しています。子どもの体験、保育者のかかわり、環境といった基本的なものを、各動画に合わせて示したものです。

　各事例に関する対話は、「動画を見る視点」とも対応しています。この対話は、動画に基づいて保育理解を深めていく試みの一例と見ていただければと思います。

　私たちの話し合ったことが、「唯一の正解」というわけではありません。保育の場では、いろいろなことが同時進行しています。たった一つの場面からも、読み取れることは無数にあるでしょう。また、保育のなかのどこに注目し、その意味をどう読み取るかには、見る者の感受性や保育に対する考え方が反映されるものです。私たちの対話は、私たちの「保育を見る目」を示すものでもあります。読者の方々も、動画を通して自由に話し合うなかから、自らの「保育を見る目」を通して、理解を深めていただければと思います。

研修・話し合いに向けて

　まずは動画から、保育を見て考えることそのものを、楽しんでいただければ幸いです。その上で、自由に話し合って考えを広げたり、解説字幕・本書の対話を参考にしていただければと思います。

　本書をきっかけに、保育についての語り合いが広げられることを願っています。

①

❧ イントロダクション

観察の実際と保育環境

動画について

DVD chapter 1

1 分 51 秒

　本書での保育観察の実際と、観察を行った園・環境を、スライドショーでご紹介します。本書全体への短いイントロダクションです。

観察の実際

　子どもたちに心を寄せて、その遊ぶ姿を見ていると、子どもたちの方から近寄ってくれて、一緒に遊ぼうと手を引いてくれたり、今日こんなことがあったんだよと話しかけたりしてくれます。著者の一人である伊藤がカメラを手にしていると、「撮って！」といろんな姿を見せてくれることも

よくありました。そうやって出迎えてくれたあとは、継続的に観察していて馴染みになっていることもあって、自由に遊ぶ姿をごく自然に撮ることができました。

　カバーにも掲載した写真は、その一例です。私たちがよくかかわってきた２歳児の子どもたちが、園庭で遊んでいたときでした。ふとしたきっかけでカメラを向けると、二人でいろんな遊びを見せてくれました。二人の動きがシンメトリーのようになっているのも、きっと親しい心が通じ合っているからでしょう（①・②）。前ページの写真では、園庭に置かれたトンネル状の遊具のなかに、二人で一緒に隠れるのを楽しんでいます。特別な空間、特別な雰囲気を、友だちと分かち合える楽しさは、幼いころならではかもしれません。

　こんなふうに園を訪れて親しく過ごした歳月のなかで、子どもたちはいつでも生きいきと遊ぶ姿を見せてくれて、保育のなかの大切なことを教えてくれました。本書ではそのうち、０・１・２歳児の遊びにかかわる場面をまとめています。

観察を行った園について

　私たちが観察に訪れた園は、駅からほど近い市街地にある中規模の保育園です。この園では、子どもたち一人ひとりを大切にし、子どもたちが自由感をもって遊ぶなかで成長することを大事にしています。３歳未満児クラスでは、子どもたちの愛着関係を育む担当制の保育を、３歳以上児クラ

スでは、子どもたちどうしの多様なかかわりをいかした異年齢保育を行っています。園の保育環境は写真でご紹介していますが、園庭でもクラスでも、子どもたちが生きいきと遊べるような配慮がなされています。

　保育者の間では、子どもたちの状況はどうか、子どもたちにとって何が必要なのかが、いつも話し合われています。週3回午睡の時間に、各クラスから一人ずつ集まって、園長・主任とともに子どもたちについて情報を共有し、その話し合いの記録を全職員で共有しています。また園全体での毎月の会議や、園内で保育を見合う研修会、乳児・幼児の勉強会、リーダー研修、若手保育者の座談会など、さまざまな話し合いの機会が年間を通して計画されています。担当制を取り入れて30年近くになりますが、経験を積んだ保育者から若手保育者まで、この園ならではの保育が引き継がれ、深められています。

園の環境について

　緑のある園庭には、保育者たちが保護者の協力も得てつくってきた複合遊具や築山があり、子どもたちは年齢や発達によって、そして一人ひとりの創意工夫を発揮しながら、自分らしく遊んでいます。

　上の写真は0歳児クラスの室内の様子です。自然の光を取り入れた空間に、木製トンネルをはじめ、さまざまに工夫された遊具が置かれています。棚は子どもたちに合った高さになっていて、0歳児たちが好むおもちゃが用意されています。子どもたちはそこから自分で好きなものを出すことができ、自由感をもって遊ぶことができます。窓の外のベランダは園庭と接していて、大きな子どもたちとの交流も生まれています。保育者たちがおだやかに子どもたちを見守り、やさしくかかわるなかで、クラスの子どもたちの興味もつながっていきます。

　発達の異なる子どもたちの生活リズムを尊重するために、遊び・食事・睡眠のための空間構成も、子どもたちの成長に合わせて、年間を通して少しずつ変化していきます。詳しくは本書の動画や、同じ園での観察に基づいて乳児保育を論じた伊藤・西（2020）を参考にしてください。

第 I 部

動画で見る遊びの世界

　第 I 部では、子どもたちの遊びの世界を、動画で見ていきます。
　遊びは、生命的な現象です。その瞬間に生まれてくる楽しさや
心の動きは、言葉にはしつくせないもの。子どもたちが生きいき
と遊ぶ姿をとらえた動画から、その実際を感じとることができる
でしょう。

0歳児クラス　11月

②

🐌 歩きはじめのころ

押し箱をつかって

　0歳児クラスは和やかな雰囲気に包まれています。ちょうど歩けるようになってきた子も多く、自分なりの興味や遊びを広げたり、保育者のもとに帰って安らいだりしながら、子どもも保育者も、みんながともにいることを楽しんでいるようです。

　Aくんは手づくりおもちゃの押し箱を押して、あちらこちらと歩きまわるのを楽しんでいました。その様子にひきつけられて私（伊藤）がカメラを向けると、遊びながら私にも目を向けてくれます。

DVD chapter 2 5分32秒

場面1：Aくん（1歳2か月）は、ダンボールでできた手づくりの押し箱を支えに、クラス中を歩いていきます。その様子に、Bくん（1歳5か月）も興味をもって近づいていました。Aくんの押し箱が保育者と子どもたちのいるところにぶつかると、保育者はAくんの思いを尊重して、道を空けてくれます。見守っているうちに、Aくんは観察者とも、"いないいないばあ"のようなやりとりをはじめました。

場面2：今度は押し箱なしで、Aくんは自分の足で保育者のもとに歩いて行きます。保育者もAくんの行きたい方向を確かめながら、やってきたAくんを抱きとめてくれました。Aくんも、それを見ていたBくんも、うれしそうです。

動画を見る視点

■1　子どもがどう遊び、どう歩いているか

ほんの数か月前とは違って、今は自分自身の力で歩いている、そんな時期です。その子がどんな体験をしているのか、思いを寄せてみましょう。

■2　まわりの子どもたちの様子

動画の主役となっているAくんのそばには、0歳児クラスの子どもたちが映っています。言葉ではありませんが、互いのやりとりも生まれているようです。

■3　保育者は子どもをどう受け止めているか

0歳児クラスの保育者は子どもを、言葉でも、動きでも、受け止めています。どんなふうに見守り、受け止めているか、その実際を見てみましょう。

場面1

1 観察者に気づいたところ

2 Aくんは、何してるのかな

Aくん
1歳2か月

Bくん
1歳5か月

3 つっかえた……どうする?

4 そこを通りたいのです。ぜひとも

1 自分の意志で歩みはじめる

西　Aくんは0歳児クラスの1歳児ですが、押し箱を支えにしながら、けっこうなスピードで進んでいますね。

伊藤　**場面1**で、「こう進みたい!」と思ったときにはすごく勢いがあって、強い意志を感じます。**場面2**では、押し箱なしで、自分の足だけで歩いています。それを見ると、まだ歩きはじめの時期だったことがよくわかります(⑥)。押し箱という支えがあることによって、ずいぶん速く歩けるし、これだけ力を発揮できるんですね。

　部屋に用意されているこの押し箱を、子どもたちは普段からいろいろなやり方で活用しています。あるときは歩くという基本動作を支えるものとして、あるときは身体ごとすっぽりなかに入って安らぐものとして——子どもの創意によって、さまざまなつかい方をしています。その様子を見て

いるだけでも興味深いです。

西　Aくんは一直線に力強く進んでいきますが、しばし考えてから、上手に方向転換もしていました。そうやって保育室全体を、縦横無尽に進んでいますね。一つひとつの動きのなかに、自分なりの状況把握や決断があるわけですから、こんな遊びのなかからこそ主体性が育まれるのだと思います。

伊藤　保育室が、これだけ子どもが自由に歩き回れる空間になっていることにも意味がありますね。環境に自由感があるからこそ、自然と子どもの力も発揮されていきます。

　方向転換をするときには、大きな箱をいったん自分の方に引きつけて、ぐるっと回して進んでいきます（③）。まだ歩きはじめたばかりなのに、こんなことができるんですね。この時期に、身体的にも精神的にもさまざまな形での方向転換ができるようになってくることには意味があると、発達研究者の田中昌人（※1）は指摘しています。

西　進み続けていたのが、引き返せるようになる──それは身体的動作のことでもあるけれど、ちょっと立ち止まって考え直したり、状況を受け止めて違うやり方を試してみたりする、省察的実践（※2）にもつながっているんでしょうね。

　歩きはじめのころ、子どもたちは身体的にも精神的にも新たなことに挑戦しています。そうした挑戦の体験から、運動能力はもちろん、周囲の状況を理解し、心をもって相手とコミュニケートする力が伸びていきます。その出発点は、子どもたち自身の「やりたい！」という思いです。自分自身で何かを実現しようとする意志を尊重し育むことは、子どもたちの発達にとって大切なことだと思います。

　歩くこと、食べること、眠ることなどは、日々の何気ない生活のなかでなされていることですが、その一つひとつを通して子どもたちは人間として育っています。大人がうっかりすると見落としてしまいそうなひとときのなかにも、子どもたちは自分から興味をもって遊びを見いだしていきま

場面2

⑤ また、会ったね

⑥ 自分で歩いて保育者のもとへ

⑦ おや？　こっちに行きたいのかな

⑧ ここまでおいで

すが、そこから目に見える以上のさまざまな力が伸びていくのだと思います。

2　言葉を超えてかかわる子どもたち

西　Aくんは柱の陰から顔を出しては、カメラを持った伊藤先生を見ていました。そこから、「いないいないばあ」のようなやりとりが広がっていきましたね（⑤）。

　言葉や身振りだけでなく、見守ることも、一つのコミュニケーションなのだと言えるかもしれませんね。いわゆる「客観的」な観察を超えて、見つめるまなざしを通して子どもたちと出会う――保育観察は、そんな可能性もはらんでいます。

　子どもたちとの間では、何気なく目が合ったところからも、やりとりがはじまっていきます。子どもたちはクラスを訪れた人に興味をもって、どんなふうにかかわろうかと考えているのかもしれません。そのとき出会っ

たものに即座に反応し、言葉を超えて対話できる力を、こんなに幼い時期からもっているんだなあと思います。

伊藤　子どもたちの間にも、いろんなやりとりが生まれていました。Aくんが押し箱で部屋中を歩いていると、Bくんもそれに興味をもって見に行っています（②）。何かおもしろそうなことに気づくと、子どもたちは自分から身体を動かして、近寄ったりかかわったりします。言葉でのコミュニケーションというわけではないかもしれませんが、0歳児クラスの子どもたちが関係をつくっていく力は、こうした動きからも見てとれます。

3 保育者は、自ら動いて受け止める

伊藤　Aくんにはまっすぐ進んでいきたい意志があるようです。保育者もそれに気づいて、進路を空けたり、受け止める両手を差し出したりして、Aくんの思いに応えていました（④・⑧）。保育者のところにたどり着いたAくんは、本当にうれしそうです。

　子どもたちは、「行っては帰る遊び」を楽しんでいます。自分の思いがあって、自分の力で、世界を探索していく。でもやっぱり、保育者のもとに帰ってくるのもうれしい。その安心感に支えられて、また自分なりの探索活動が広がっていきます。

西　保育にとって信頼関係は根本的なものですが、とくに乳児保育では、言葉を超えて、心からの信頼によってつながることが大切ですね。保育者は、何が子どもの思いにぴったりくるのか、子どもとかかわりながら見いだしていきます。この動画のなかでも、意識的に言語化できる形だけでなく、言葉を超えて、身体的な次元を含んだ形で子どもと対話する様子を見ることができます。

　④の場面でも、⑧の場面でも、保育者はAくんがどこに進んで行きたいのかを感じ取って、それに沿って動いていますね。子どもを「受け止める」というと、何か"どっしり構えてくるもの拒まず"といったイメージ

⑨ たどり着いたね

もあり、もちろんそうした安定感が大事なときもあるのですが、実際にはこんなふうに、保育者が子どもに沿って柔軟に動きながら受け止めていることも多いでしょう。とくに子どもが自在に動けるとは限らない０・１・２歳児ではそうです。保育者が、自分は変わらないままで……というのではなくて、相手に合わせて自分も動くということがあるから、省察的な対話が展開していくのだと思います。保育者が、自ら動いて子どもを受け止める様子を、こんなところからも見て取ることができます。

そんなかかわりは、Ａくんと保育者ばかりでなく、まわりの子どもたちにも広がっています。一生懸命歩いたＡくんが保育者に受け止められるとき、Ｂくんも、うれしそうに飛び跳ねています（⑨）。

自分のことではなくても、誰かが温かく受け止められるのを、子どもたちは喜んでくれるものです。保育者がきっとどの子のことも受け止めてくれるという信頼があるからこそ、うれしくなるのでしょう。一人ひとりを大切にすることは、ともすれば不公平を招くのではないかと案じる向きがあるかもしれませんが、必ずしもそうではないことがこの場面からもわかります。一人ひとり、どの子のことも大切にすることこそが、誰もが互いを尊重し合うことのできるクラスを育てることにもつながっていくのだと思います。

※１　田中昌人（1932-2005）

発達研究者、教育学者。京都大学名誉教授。障碍をもつ子どもたちの発達保障に携わり、乳児期からの発達過程について詳細な観察に基づく研究を進めた。身体と心の発達が織り合わさって進むものととらえる全人的な視野から、独自

の発達理論を構築した。乳児期後半から幼児期へと移行していく過程で、子どもが歩きはじめるころに、「向き直る」「立ち直る」などの動きが身体的にも心理的にも生まれてくること（「可逆操作」）の意義を強調している（田中, 1985）。

※2　省察的実践（reflective practice）

　専門職の実践知の意義を示したドナルド・A・ショーン（1930-1997）の用語。既存の理論をあてはめるのではなく、変わりゆく状況と対話しながら、自らのかかわりをふり返り、実践の枠組みを変えていくという「省察的実践者」モデルを提唱した。さまざまな実践例のなかには、子どもが試行錯誤しながらブロックに取り組む知的作業も、省察的実践の萌芽として挙げられている（ショーン, 2007）。

対話をふり返って

1　子どもたちは周囲のものや遊具をつかいこなしながら、上手に歩けるようになっていく。子どもたちが自分自身の発達に合った形で自由にものをつかい、そして自由に歩きまわることができる環境が、子どもの成長を支える。

2　0歳児クラスの子どもたちは、まなざしや身体の動きなど、言葉を超えた次元で、クラスの友だちやまわりの人々とかかわっている。

3　こうした成長の過程は、保育者との関係によって支えられている。保育者は子どもたちの動きや視線に気づき、それに言葉でも、動きや表情によっても応答していくなかで、子どもの思いを受け止めていく。

0歳児クラス　秋

③

〜♪ わらべうたから広がる遊び

遊びのなかの調和と相互性

　わらべうたを通したふれ合いは、どのクラスにも見られます。とくに3歳未満児クラスでは、日常のなかにさりげなく取り入れられているものです。

　ここでは複数人の子どもたちとわらべうたを楽しんでいる場面をご紹介します。みんなで一緒にしていることではありますが、同時に子どもたちは一人ひとり、それぞれの楽しみ方をしており、保育者もそれに応じたかかわりをしています。そんなかかわりの実際を見ていきましょう。

DVD chapter 3

場面 1「いなかのおじさん」(11 月)：保育者と子どもたちが、お手玉をつかって遊んでいます。保育者が A くん（1 歳 3 か月）の頭にお手玉を乗せてあげると、B ちゃん（1 歳 6 か月）も自分で頭に乗せていました。C ちゃん（1 歳 6 か月）が歩き出したので、どこに行くのかと思っていたら、お手玉を取ってきて、自分でもやっていました。

場面 2「せんべ、せんべ」(11 月)：お手玉をおせんべいのように見立てて遊ぶわらべうたです。子どもたちはお手玉をたたいては、食べるまねをしています。「焼けた！」のところで食べるはずなのですが、もうむしゃむしゃ食べている子に保育者が「もう食べたの。まだ焼けてなかったけどね。おいしい？」と声をかけると、うなずいています。

場面 3「うまはとしとし」(10 月)：保育者がわらべうたを歌いながら 3 人の子どもを乗せて、揺らしてあげています。D くん（1 歳 6 か月）は乗ってはいませんが、自分で考えた踊りを、歌に合わせて楽しく踊っていました。

<hr>

動画を見る視点

■1　わらべうたの雰囲気

　わらべうたを通して楽しい雰囲気が生まれますが、その雰囲気は保育者によっても子どもたちによってもさまざまです。それぞれの雰囲気を感じ取ってみましょう。

■2　子どもたちの楽しみ方

　わらべうたは、子どもたちが一緒にしていることではありますが、その楽しみ方には、一人ひとり個性があります。子どもたちがどんなふうに楽しんでいるか、見てみましょう。

場面1
11月

1 お手玉を自分でも乗せます

A くん
1歳3か月

B ちゃん
1歳6か月

2 どこへ行くのでしょうか……

C ちゃん
1歳6か月

3 お手玉、見つけたよ

4 わたしも一緒にする！

1 かかわりは広がるもの

伊藤　わらべうたにも、いろんなやり方があります。3歳以上児の場合は集団でのまとまった活動となる場合もありますが、とくに3歳未満児クラスでは保育の流れのなかで、自然となされていることが多いものです。子どもたちを集めて、「今からわらべうたをしますよ」と一斉に取り組むのではなくて、この動画のように、子どもたちとともに過ごす和やかな時間から生まれてきます。

西　わらべうたは、ただ一方的に歌いかけたり、音楽を聴かせたりするのとは違って、大人と子どもとの関係のなかで生まれています。歌そのものだけでなく、安心できる関係、一緒にいてうれしくなる関係が、根底にあるのでしょう。

伊藤　保育者が一人の子とわらべうたをはじめると、ほかの子どもたちも

集まってきて、それを楽しんでいます。保育は密室の世界ではないので、何か楽しいことが起こっていれば、ほかの子たちも気づいて、関心をもつものです。遊びのなかで保育者が誰かを大切にすれば、そこから生まれる信頼や安心感は、ほかの子どもたちの間にも広がり、つながっていきます。

西　一斉活動とは違って、自由な遊びの空間なので、通りがかりにわらべうたに興味をもった子が、またほかの遊びの方に移っていく場合もあります。必ず一つの遊びにつなぎとめなければならないとは限りません。もちろん、子どもたちが自由に関心をもって動ける雰囲気がクラスのなかにあって、保育者がその関心に応えていくことができれば、遊びはさらに広がり、関係も深まっていくでしょう。

2　遊びのなかの能動性・相互性

伊藤　遊びが広がっていくなかで、子どもたちの楽しみ方には、それぞれの個性があります。**場面1**では自分からお手玉を取りに行ったり、**場面2**では自分なりの動きを合わせてみたりしていますね。

西　子どもたち一人ひとりに思いがあって、個々に違った動きをしながらも、その場に楽しい調和（ハーモニー）がただよっています。音楽をともに楽しむとは、そういうことではないでしょうか。

　園というコミュニティにおいても、多様な個性をもった子どもたちが一人ひとり大切にされる体験がつながって、保育が展開していきます。「大切にされる」と言いましたが、単に受動的な体験ではなく、自分自身で楽しさを創り出す能動性も、発揮されています。

伊藤　**場面2**ではお手玉をつかっておせんべいを焼くような遊びをしていますが、これを「見立て」と言うべきかどうか。おせんべいを焼くなんて、実際にその場面を見たことがある人は、そんなにはいないでしょう。でも子どもたちは、お手玉をたたくと、何だかおいしくなるとは思っているようです。そのたたき具合というか、おせんべいが焼けておいしくなっ

場面2
11月

5　焼けたかな？

6　まだ、焼けてなかったけどね

Dくん
1歳7か月

場面3
10月

Dくん
1歳6か月

7　ぼくはこう踊るよ！

ていく過程は、それぞれの子どもに合ったタイミングがあるようで、保育
者もそれを尊重しています。

西　「焼けたかな、まだ焼けてないけど」といったやりとりもありますが
（⑤・⑥）、保育者も、子どもがむしゃむしゃうれしそうに食べている、そ
の無邪気さに目を留めたのでしょう。こんなふうに、子どもたちの多様な
楽しみ方にふれると、大人の方も楽しくなりますね。わらべうたは「ルー
ル」に従ってするものでもないし、子どもたちの遊びのなかでは、ルール
からはみ出るのもかえって楽しかったりするものです。

伊藤　このわらべうたはつくって食べる遊びですが、子どもたちは、何か
自分自身の手を加えることで、おいしいものができあがるという体験をし
ているのだと思います。

西　決まった形に沿ってしているだけでなく、心が動いて、自分自身の能
動的なかかわりが加わるなかで、自然とその子らしい味が出てくるんです

ね。自分らしくかかわるところに、楽しみもやりがいも生まれてくる。**場面3**でも保育者が3人の子どもたちを乗せているかたわらで、Dくんは自分で振り付けながら踊っています（⑦）。みんなと同じ形ではありませんが、とても楽しそうです。

　遊びのための環境はどの保育者も工夫しているところですが、この場面にも見られるように、とくに3歳未満児クラスでは、保育者自身も重要な保育環境なんだなと思わされますね。身体を通してかかわったり、ふれ合ったりするなかで、保育者自身も環境としての役割を果たしています。

伊藤　園によってもいろいろな考え方があるでしょうが、私も保育者をしていたころは0歳児から5歳児まで含めて、おんぶやだっこをよく求められてきたし、そのなかで、子どもたちの思いに応えたいと思ってきました。

西　ここでも保育者と子どもたちは身体的なやりとりを通してリズムを取っていますが、決まった拍子を機械的に守るのではなく、ちょっと外してみたりするのも、また楽しさにつながっています。リズムに乗ったり、変化を楽しんだりというのは、人と人とのかかわりにも通じることです。津守眞は乳幼児期という人生の出発点からその後の生涯にかけて「相互性の体験」（※）が重要だと述べましたが、その土壌はこんな日常のふれ合いのなかで培われていくのではないでしょうか。

　※津守眞の「相互性」
　　保育学者の津守眞（プロローグ参照）は、子どもの成長に必要な基本的体験として、「存在感」「能動性」「相互性」「自我」の4つを挙げた。人と人との関係は、互いに相手の思いに合わせてやりとりをする対話であり、それを通して関係はより生きたものとなり、深められていく。幼いころの「いないいないばあ」のように、言葉を超えた相互的なやりとりを楽しむなかで、こうした関係の基盤が培われていくと津守は論じている（津守, 2002）。

対話をふり返って

1 わらべうたは、保育の自然な流れのなかで、子どもたちとともに
　過ごす和やかな時間から生まれてくる。

2 同じわらべうたの世界を共有していても、子どもたち一人ひとり、
　それぞれに能動的な楽しみ方をしている。言葉を超えて、身体的
　な次元でのやりとりを楽しむなかで、人間の成長にとって重要な
　「相互的な体験」が自然と積み重ねられている。

④

❧ わらべうたの空間

能動的に楽しむ体験

　1歳児クラスでの、わらべうた遊びの様子です。

　保育者とのかかわりのなかで楽しむ子どもたちや、自分たちでやってみる子、その様子を見たり聞いたりと、わらべうたの響きに包まれて、一つの空間が広がっているようです。

　わらべうたを保育者や友だちと一緒に楽しもうと、子どもたちは自分から能動的にかかわっています。お互いのそんな思いが、わらべうた遊びをより一層楽しいものにしていました。

DVD chapter 4

場面1「ぎっこ、ばっこ、ひけば」(8月)：わらべうたを楽しんでいるところにAちゃん（1歳7か月）がきて、保育者の膝の上に座りました。保育者が歌いはじめると、通りがかったBちゃん（1歳5か月）もすっと一緒に座ります。ブロックをつないで遊んでいたCくん（1歳7か月）も、加わりたいようです。そのかたわらでは女の子二人が、自分たちでわらべうたを楽しんでいます。向こうで遊んでいる男の子にも、うたの雰囲気は伝わっているようです。

場面2「ここはとうちゃん」(7月)：わらべうたに合わせて保育者がそっとやさしく顔をなでると、Dちゃん（1歳10か月）はとてもうれしそうです。そばにいたEくん（1歳11か月）も、やってほしくなります。部屋の一番向こうで遊んでいたFくん（1歳8か月）が駆け寄ってくると、今度はDちゃんがFくんに、保育者がしてくれたようにやってあげていました。

動画を見る視点

■1　やわらかな雰囲気

動画を通して、1歳児クラスでのわらべうた遊びがどんなふうにはじまり、共有されていくのか、その雰囲気を感じ取ってみましょう。

■2　子どもたちの能動性

わらべうた遊びでは、保育者が歌って聴かせるだけでなく、子どもたちも能動的に参加しています。一人ひとりの子どもたちがどんなふうに遊びに参加しているのか、見てみましょう。

■3　保育者と子どもたちの関係性

0・1・2歳児保育では、言葉ももちろんですが、言葉を超えて親しくかかわる関係も重要です。そうした関係のあり方を、この一場面からも具体的に見ることができます。

1 保育者の膝に座ると

Bちゃん
1歳5か月

2 ほかの子もやってきて

Cくん
1歳7か月

3 じゃれついたり

4 自分の遊びも続けたり

1　保育の空間を包み込むように

西　**場面1**には6人の子どもたちが登場します。Aちゃんが保育者の膝に座ると、Bちゃんをはじめ、ほかの子たちも集まってきました（①〜③）。全体の和やかな雰囲気とともに、どの子も好きなときに遊びに入ってきたり、自分の遊びに戻っていったりと（④）、自由感があるのが印象的ですね。

伊藤　わらべうたは目の前の子どもばかりでなく、まわりの子どもたちにも聞こえていて、保育の空間をとてもやさしく包み込んでいます。その雰囲気を感じながら自分自身で遊ぶ子もいれば、「何かおもしろいことがあるらしい」と関心をもってやってくる子もいて、自然に子どもたちの心がつながっていました。保育者が一斉に呼び寄せるのとは違って、やさしい歌声は、さりげなく周囲に楽しみを伝えてくれます。

西　くつろいだ温かな雰囲気がただよっています。わらべうたが、関係の

場面2
7月

Dちゃん
1歳10か月

5 くすぐったいけど、楽しい

Eくん
1歳11か月

6 Eくんもやってほしい

Fくん
1歳8か月

7 Fくんも駆け寄ってきて

8 一緒に遊びました

なかから自然と生まれてくるものだからなのかもしれません。歌い手がソロで自分の世界を表現するのとは違って、子どもたちとやりとりをしながら楽しみ合う関係が反映されているのでしょう。わらべうたをはじめとするさまざまな保育方法は、「さあ、はじめるよ」と予定通りに実施するだけでなく、子どもたちとのかかわりや、今の思いに即したものとして用いられるときにこそ、いかされるように思われます。

2 自分の思いをもって参加する楽しさ

西　わらべうたの遊びを保育者にしてもらうだけでなく、子どもたちどうしでもしていましたね。**場面1**では女の子が二人、向かい合って自分たちで船を漕いでいました。**場面2**では、保育者が一人ひとりにしてあげるのを、子どもたちもお互いに見ながら一緒に楽しんでいました（⑤・⑥）。そうしているうちに、向こうから駆けてきて、やってほしがっているF

くんに気づいて、Ｄちゃんがそれに応えています（⑥〜⑧）。

伊藤　１歳児クラスでは、これだけのことができるんですね。幼い子どもたちも、何もかも保育者にしてもらうわけではなくて、保育者と一緒に体験したことは、すぐに自分自身で取り入れていきます。子どもたちどうしの間で楽しむことができる、そんな成長を見て取ることができます。

西　子どもたちは、すきさえあれば主体的に活動するものですね。わらべうた遊びに入ってくるときも、その入り方はさまざまでした。自分たちでしている子もいれば、遊びの流れのなかで加わる子もいます。Ｄちゃんが保育者にしてもらっているときには、まわりの子どもたちもよく見ていましたね（⑤）。自分もしてほしいという思いもあって、それを保育者がかなえてくれるし、また自分でなくても誰かが本当に楽しそうにしているのは、子どもたちにとってうれしいことなのだと思います。

伊藤　自分の遊びをしている子も、やさしいうたの雰囲気を感じ取っているんでしょうね。そのときのその子の気持ちによって、かかわり方はさまざまなようです。Ｆくんは、部屋の一番向こうから駆け寄ってきました。

西　Ｆくんはそれまで私と一緒に遊んでいたのですが、Ｄちゃんたちの様子にいつ気づいたのか、急旋回しながら走っていきましたね。Ｆくんがうれしそうな顔を向けるだけで何も言わなくても、一緒に遊びたいんだとＤちゃんはすぐにわかっていました。子どもは楽しいこと、興味ひかれることには本当に敏感に反応していきます。ほかの子がどんなふうに楽しんでいて、どんなイメージを心に抱いているのか、子どもは大人以上によく感じ取る力をもっているようです。

3　育ちを支える関係性

伊藤　保育者は、子どもたちをとても自然に受け入れていましたね。

西　**場面１**ではＡちゃんもＢちゃんも、保育者のところにやってきて、本当にすんなりと落ち着いていました（①・②）。「ここに座ってもよろし

いでしょうか」なんていうことは、子どもと保育者の関係にはそぐわない。Bちゃんはさっきまで頭に布をかぶっていて、何かに変身したようなイメージがあったのかもしれませんが、保育者のわらべうたに関心をもった瞬間、その布はすっと取れて、新しいイメージの世界に入っていったようです。

　津守眞はこんな子どもたちの様子を、「安心してたのむこと」と表現したことがあります。大人を安心して頼ることのできる関係があってこそ、子どもは自分自身の心から生まれる発達の体験ができるというのです（※）。

　何をするにも大人の許可が得られるかどうか不安があって、遠慮してしまうようでは、子どもの主体的で自由な遊びは展開していきません。かといって子どもたちは勝手気ままにふるまっているわけではありません。そこには、心支えられるなかで生まれる保育者への信頼と敬意があります。保育者も、それが子どもたちの心を豊かにするものだからこそ、当然のように受け入れているのです。子どもの世界が広がっていくのを、保育者も自然と受け入れ、ともに喜ぶのが、保育的関係の特徴なのだと思います。

　※津守眞『子ども学のはじまり』から
　　津守は「実現しようとする意志を育てること」という論考のなかで、子どもたちの粘土遊びにつきあった事例を通して、保育者との信頼関係について論じている。大人が相談相手になってくれることを疑わずにすむ子どもの安心感と、遊びを見守るなかで子どもの自身の世界が育っているのだと信じられる大人の安心感とが、活動の重要な基盤となって、そこから子どもが自分自身のイメージを実現しようとする意志が育まれるとしている（津守, 1979）。

対話をふり返って

1 わらべうたは子どもたちとの関係から自然と生まれてくるものであり、目の前の子どもだけでなく、保育の空間をやさしく包み込んでいる。

2 わらべうた遊びへのかかわり方にも子どもの個性が表れる。子どもはわらべうたの楽しさを取り入れて、自分たち自身でも能動的に遊びを広げていく。

3 子どもが安心して大人を頼ることができる関係が、保育の基盤となる。

1歳児クラス 1月

⑤

❧ ごちそうさま！

赤ちゃん人形を抱いて

　成長につれて、遊びのなかにも子どもが抱くイメージが見て取れるようになってきます。

　1歳児クラスの子どもたちは、赤ちゃん人形の子育てに熱心です。子どもたち自身、自分の足で立ち上がって歩み、言葉も出はじめたこの時期。もう赤ちゃんではなくなった今、自分がしてもらってきたことをさっそく、赤ちゃんにしてあげているようです。

　やっと届くかどうかの幼い両手を懸命につかって、赤ちゃんがごはんを食べられるようにさじで運びます。そうして赤ちゃんが心ゆくまで食べられたとき、満面の笑みでこう言いました。「ごちそうさま！」

44　第Ⅰ部　動画で見る遊びの世界

DVD chapter 5

　Ａちゃん（1 歳 11 か月）が赤ちゃん人形を抱いて、ごはんを食べさせてあげています。腕いっぱいに人形を抱えながら、おさじでお手玉のごはんをすくい、何とか食べさせてあげようと懸命になっています。そうしてやっと、おさじを人形の口元へ運ぶことができました。「ごちそうさま！」と満面の笑顔です。

動画を見る視点

■１　子どもたちの成長と遊びの関係

　子どもたちが赤ちゃん人形のお世話をして遊ぶとき、そこにどんな思いが込められているか、この時期の発達も思い浮かべながら、考えてみましょう。

■２　心に残るケアの体験

　Ａちゃんをはじめ、幼い子どもたちが、どんな思いで赤ちゃん人形を大切にしているか、感じ取ってみましょう。

1 おさじを懸命につかって

2 どうぞ、食べてね

3 ごちそうさま！

西 子どもたちは、赤ちゃん人形のお世話が大好きですね。この１歳児クラスでは普段から、子どもたちが赤ちゃん人形にミルクを飲ませたり、食べさせてあげたり、寝かせてあげたりする姿がよく見られます。

伊藤 この場面でも、Ａちゃんが一生懸命に赤ちゃん人形を抱きかかえ、食べさせてあげている様子に心がひかれました。どこをとってもうれしそうで、楽しそうで、その子の思いがあふれています。赤ちゃんの方も心ゆくまで食べられたようで、「ごちそうさま！」までやり通していました。Ａちゃん自身も、満ち足りた笑顔です（③）。自分自身が食べさせてもらった幸せな時間を、もう一度体験しているのかもしれません。

西 それにしても、ほんの１年ばかり前にはこんなふうに食べさせてもらっていた子どもたちが、１歳児クラスでは自分の方から食べさせてあげ

る遊びを楽しむのは、すごいことですね。

伊藤　離乳食を食べさせてもらっていたころから、手づかみ食べがはじまって、今ではスプーンなどをつかって食べることもできてくるころです。子どもたちのスプーンの持ち方や指のつかい方は、0・1・2歳の時期をかけて、日々上手になっていきます。最初はなかなか思うようにつかえなくて、こぼしたり、顔中にごはんがくっついたりしていても、子どもたちは自分自身で食べるということをやり通そうとするし、そこには大きな喜びがあります。そんな食事の場面でも自分が伸びていっている体験があるからこそ、こんな遊びにも夢中になるのでしょう。子どもから生まれる自由な遊びと、日常の生活のなかでの発達は関連し合っています。食べるときと同じ持ち方をしているとは限らないし、自分で食べるのと人形に食べさせるのとでも違いがありますが、個々の場面での発達だけでなく、さまざまな場面と関連づけて見てみると、その子への理解が広がってくるでしょうね。

2　ケアの相互性

西　おさじをつかって食べさせてあげるこの遊びのように、子どもたちは自分ができるようになったことがあれば、それをすぐに誰かのためにしてあげますね。

伊藤　子どもたちは自分がしてもらったことを、今度はしてくれた相手や、友だち、人形にしてあげようとするし、そのことをとても楽しんでいますね。何かを与えられたら、いつもそれ以上にして返してくれるのが、子どもだと思います。

西　ケアされる人も、ケアする人も、どちらも心満たされる——保育というケアの営みは、そのような相互的な関係によって成り立っています。Aちゃんがこれまで幸せなケアの体験を積み重ねてきたことがうかがえるし、その体験を通して、Aちゃん自身のなかからケアする心が育っていく

のだと思います。受動的にケアされるだけでなく、自分自身も誰かをケアしたいという思いが、子どもたちの心に自然とわき上がってくるようです。

　慈しまれ、育まれる体験を積み重ねるなかで、子どもたちはいつか大人になって、同じことを今度は自分が誰かにしていくことでしょう。幼いころ離乳食を食べさせてもらった体験も、遊びのなかで赤ちゃん人形をお世話して遊んだ体験も、記憶として残ってはいかないかもしれません。けれどもそんな日常のなかでくり返しケアし、ケアされた無数の体験が、その子を人間としてたしかに育てていくのだと思います。

> **対話をふり返って**
> 1　食事の場面など生活のなかでの発達は、子どもたちがくり返し楽しむ遊びとも関連し合っている。
> 2　子どもたちは受動的にケアされるだけでなく、自分から相手をケアし、そのことを喜ぶ能動性をもっている。

6

❧トンネルを抜けて

発達の体験

　歩けるようになった1歳児は、平坦な地面を歩くだけでなく、上り坂、下り坂などにも挑戦します。もちろん大きな遊具にも。

　総合遊具の間に、縄の網でできた筒状の長いトンネルが渡されていて、そこを男の子が懸命にくぐっています。足が網にひっかかっても、出口まで突き進みます。歩むごとにトンネルが揺れるのも、かえってやりがいと楽しみを増すようです。

　いま、出てきたところです。晴れ晴れとした笑顔ですね。思いをともにしながら見守っていた保育者が、うれしそうに声をかけています。

DVD chapter 6

　網でできたトンネルを、Aくん（2歳0か月）がくぐっていきます。揺れる網のなかを、バランスをとりながら進んでいきます。そのそばで保育者が、「がんばれ！」と応援しています。

　とうとう出られました！　満面の笑顔です。自分のきた道をふり返って、そして明るい園庭へと歩いていきます。保育者も、「できた！」と一緒に喜んでいます。

動画を見る視点

■1　園庭での遊びと環境

　1歳児クラスの子どもたちは、園庭で身体を存分に動かして遊ぶのを楽しんでいます。園庭の環境がどんなふうにいかされているか、見てみましょう。

■2　トンネルを抜けていく子どもの体験

　保育者は、Aくんがトンネルをくぐっていく体験に共感しながら、応援しています。そんなAくんの体験に、思いをはせてみましょう。

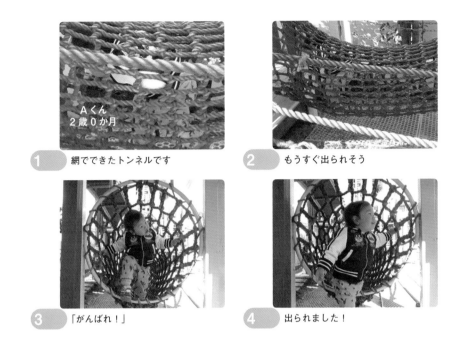

1　網でできたトンネルです

2　もうすぐ出られそう

3　「がんばれ！」

4　出られました！

1　子どものための空間

伊藤　網でできたこのトンネルは、園庭の総合遊具の一部です。トンネルと並行して、その上には吊り橋も通っています。この総合遊具の様子は、プロローグに掲載した写真や、動画の冒頭でも見ていただけます。

西　子どもたちはこのトンネルを気に入っていて、私もよく「こっちにきて！」と一緒にトンネルをくぐるよう誘われるのですが、大人の身体で通り抜けるのは大変です。子どもの身体の大きさとしなやかさがあるからこそ、つかいこなせる空間なのだと思います。追いかけっこをしているときも、園庭の木陰や総合遊具の床下など、子どもだからこそのしなやかさで、自由自在に駆け抜けていきます。

伊藤　子どもにとっては、ずいぶん長いトンネルです。平坦な道を歩くのとは違って、穴の空いた網が揺れるなかでバランスを取りながら、身をか

がめて進んでいきます。1歳児クラスの子どもに、もうそんなことができるようになっていることに驚かされますね。園にそれだけの環境がなければ、なかなかできないことかもしれません。環境が用意されていることによって、子どもたちは自分自身で挑戦しながら、やり方をつかんでいきます。この時期の運動発達は、ある一日の挑戦だけをとってみても、めざましいものがあります。

2 発達の体験

西　網のトンネルは閉ざされたものではないので、子どもはくぐり抜けながら、外にいる保育者ともやりとりができるようになっています。この場面でも保育者が、その子の歩みに寄り添うように、「がんばれ！」と応援していますね。しっかりした網ですが、揺れたり不安定だったりもします。そんな「守られた不安定さ」も、子どもにとっては楽しみを生むのでしょう。自分なりの手がかりをつかんで前に進み、やり通した喜びを分かち合う——誰にとっても大切な体験だと思います。そんな体験が、保育園ではいつも積み重ねられています。

伊藤　子どもたちにとっては、トンネルの向こう側が最初から見えていてというよりは、入ってみて、ひたすら進んでいくうちに出口が見えてきたということかもしれません。そうして出られた、達成したという感じでしょうか。生まれて2年ほどの子どもたちなのに、あんなさわやかな笑顔で、これだけのことを成し遂げるなんて、と思わされます。自分自身の力で進むんだという、挑戦する気持ちでいっぱいですね。出口のないトンネルはないと言いますが、大人もこんな姿勢を見習わないとね（笑）。

西　人間の発達過程も、最初から出口が見えているとは限らないですね。何かを達成したという結果ももちろん大事ですが、子どもたちはその結果だけを目指して遊んでいるわけではない。だからこそトンネルを抜けて見えてきた光景に、思っていた以上の、新しい感動があるのでしょう。

外側から見える結果だけでなく、その背景にある「発達の体験」（※）や、その体験を通して子どもの世界が広がっていくことの方が、人間が育つ上ではもっと大切なことだと思います。園庭中にあふれるそんな発達の体験を保育者は見いだし、ともに寄り添って歩んでいきたいものですね。

※津守眞『子ども学のはじまり』から、「発達の体験」について

「発達の体験は、あるときには、生命体の世界の自然の推移の中に部分的に意識され、あるときには、その中で、決意をもって、自分から一歩をふみ出す瞬間として意識される。子ども自身のいきいきと生きる生活がなければ、与えられた課題やカリキュラムの中を通過しても、発達は行なわれないのであると思う。保育の仕事は、子ども自身が発達の体験をできるように、まわりで支えることであるともいえる。」（津守, 1979, pp. 17-18）

対話をふり返って

1　どんな遊び環境が用意されているかによって、子どもが見せてくれる発達の姿は異なってくる。

2　保育者は、発達の結果だけを見るのではなく、一つひとつの「発達の体験」を支え、ともに歩んでいく。

⑦

❧ 重ね着

身にまとうイメージの世界

　このクラスの部屋で過ごしてきた一年をしめくくる、ある春の日のことでした。１歳児クラスの女の子は、おもちゃ棚からスカートを取り出し、何枚も何枚も、一心に重ね着を続けます。その姿に心ひかれて、ずっと見とれてしまいました。

　遊びの時間、この姿でずっと過ごしていました。

DVD chapter 7　　　　　　　　　　　　　　　　　2分36秒

　Aちゃん（2歳8か月）は、部屋にあったスカートを何枚も重ね着しています。そのスカートを身にまとったまま、クラスのいろんなところで過ごしていました。赤ちゃん人形を抱きかかえて世話したり、室内のちょっとした乗りものの遊具に乗って友だちと一緒に過ごしたり、かまぼこ板の携帯電話では、家の用事を連絡しているようです。

■1　子どもの思いとイメージ

　Aちゃんがどんな思いで重ね着しているのか、さまざまな可能性がありますが、話し合いのなかで考えてみましょう。

■2　子どもどうしでイメージを広げられる環境

　子どもたちの遊び方はそれぞれに違っていますが、互いに触発されてもいるようです。動画からは、子どもどうしのかかわりや関係も見てとることができます。

1 ありったけのスカートを

2 上からかぶって着ています

3 脱いだり、着たり

4 携帯電話も忘れずに

Aちゃん
2歳8か月

1 子どもの姿にひかれて

伊藤 この日、観察に訪れると、Aちゃんがスカートをたくさん重ね着しているのに気づきました（①〜③）。たくさんはいているな……と思っていると、その重ね着のまま、赤ちゃんを抱いたり、携帯電話をかけたり、いろいろな遊びをしていました（④・⑤）。

しばらくするとマットのところに行ってスカートを脱ぎはじめたのですが、全部脱ぐことはせず、また上から何枚も重ね着をしています。そうして、椅子のような丸い遊具に座って揺れてみたり（⑥）、友だちとも話したり、みんなの輪に入って話を聞いたり。けれども脱いだり着たりということは、この時間に何をするにも遊びのベースとなっているようでした。

西 自分のなかにイメージをもって遊んでいることがうかがえますね。子どもたちは同じ遊びを一緒にするのも好きですが、こんなふうに自分のな

⑤　赤ちゃんをおんぶして

⑥　友だちと一緒に

⑦　着こなしも変えながら

⑧　保育者ともお話ししています

かにしっかりとしたイメージを抱いていることは、雰囲気として伝わるん
でしょうね。それでも、真似したり、邪魔したりすることなく、お互いの
世界を尊重し、受け止めながら、その上でつながりあっているようです。
　⑧では、Aちゃんのスカートに興味をもってやってきた子がいます。熱
心に見ていますね。子どもたちは、自分の世界をもっている子への敬意と
関心をもっているものではないかと思います。

伊藤　子どもは、本当にしたいことはくり返ししてみます。その様子に心
ひかれて子どもたちと過ごしたあと、残っていたのがこの動画です。一心
に思いを実現する姿には、ほかの誰よりも強い思いがあるようですね。そ
んな子どもたちの姿は、いつ見ても美しいと思います。

西　この日の重ね着の様子にふれて感動したことを、伊藤先生はよく語ら
れていましたね。子どもたちの姿に感動したことを語られるのはどの日も
ですが、この場面はとくにそうでした。

「保育観察」にもいろいろな考え方がありますが、外的な側面を動画に収めるだけでなく、子どもたちの内的な世界を理解するためには、観察者も遊びのなかで子どもたちが抱いているイメージを感じ取ることが必要なのだと思います。そんな子どもたちの世界を「観察」することは、子どもたちの姿に「心ひかれる」ところからはじまるのかもしれませんね。

2　思いを実現できる場所

伊藤　こんなにもたくさん、どうやって着ているのかな……と思っていたら、上からかぶっていたんですね。よく考えているなあと思います。

　この動画を保育者の方々と一緒に見ながら話し合ったのですが、ある保育者は、スカートのゴムが柔らかくなっているから、子どももこれだけ重ね着できるのかなと言われていました。保育者ならではの観点だと思います。

西　遊具は子どもが思いを実現できるように、たくさん用意されていることが必要ですね。またそれだけでなく、子どもたちがずっと楽しんできたもの、部屋にも子どもたちにも親しく馴染んでいるものが、心を支えるのだと思います。

　このスカートもそうですが、子どもたちが自由に遊びを展開する上では、どこにどれだけどんな遊具があるのか、子どもたちが日常感覚として知っている必要がありますね。普段から、クラスのなかの素材を安心してつかっていいんだという自由感が、子どもたちのなかに根づいているからこんな遊びが生まれるのでしょう。スカートもつかい方が決まっているのではなくて、自分自身のイメージや考えでつかっていいんだと実感しているんでしょうね。そう考えると、遊具など物理的な環境も重要ですが、それを支えている保育者の思いや姿勢も、子どもたちによく伝わっているし、環境の重要な側面となっているのだと思います。

伊藤　この動画はちょうど年度末、1歳児クラスを卒業して次に移行して

いく時期の場面です。このクラスでの生活のしめくくりに、こんな姿を見せてくれたのかもしれません。

西　装うというのは、他人からきれいに見えるようにという要素もありますが、子どもたちにとってはもっと純粋に、自分自身を実現する行為でもあるのだと思います。これまでこのクラスで過ごして、身につけてきたものもたくさんあったことでしょう。1歳児からの1年間、Aちゃんなりの成熟が目に見える日だったのかもしれませんね。

対話をふり返って

1　子どもが自分自身のイメージをもち、充実して遊ぶ姿に、その子の成長が表れる。子どもが遊ぶ姿に「心ひかれて」見つめることが、理解の出発点となる。

2　多種多様な遊具が用意され、子どもが自分自身の考えで自由につかえる環境が、子どもの表現と遊びの展開を促す。

※ web 版は場面１（１歳児クラス）のみです。

⑧

それぞれの楽しみ方で

園庭の築山で遊ぶ子どもたち

　園庭の築山は、いつでも子どもたちをひきつけています。

　ただ遊んでいる――それだけでなく、どの子も、それぞれの楽しみ方をしています。誰かが斜面をすべりはじめると、ほかの子どもたちもやってきて、みんなですべるのが楽しくなってきます。

　「こんな遊びをしよう」と呼びかけたわけではありません。そこに楽しさがあれば、子どもたちは呼びかけなくても集まってくるものです。そうしてやり遂げたあとは去っていきます。一瞬のできごとです。

DVD chapter 8

場面1（1歳児クラス）：園庭の築山に、1歳児クラスの子どもたちが集まってきました。斜面がすべり台のようになっています。築山の右手や裏側にはタイヤの階段があります。縄をつかって壁面を登ることもでき、丸木橋から隣のログハウスに渡ることもできます。Aくん（1歳9か月）をはじめ一人ひとり、どの子も違ったすべり方を楽しんでいます。

場面2（2歳児クラス）：2歳児クラスの男の子が二人、築山で遊んでいます。ごろごろ転がっていくのが楽しいようです。下まで着くと仲よく折り重なって、それからすくっと立ち上がり、一緒に上まで駆け上がっていきます。

動画を見る視点

■1　子どもたち一人ひとりの遊び方

築山をすべるにしても、登るにしても、子どもたちそれぞれに、楽しみたいこと、チャレンジしたいことがあるようです。そんな一人ひとりの遊び方に注目してみましょう。

■2　子どもどうしのかかわり

子どもたちの遊び方はそれぞれに違っていますが、互いに触発されてもいるようです。動画からは、子どもどうしのかかわりや関係も見てとることができます。

■3　園庭での多様な体験

園庭ではさまざまな運動遊びがくり広げられていますが、築山をはじめとする環境は、子どもたちの成長にとってどんな意味をもっているでしょうか。

1 斜面をすべる子どもたち

2 ほかの子と出会うことも

Aくん
1歳9か月
3 一人ひとりすべり方は違います

Bくん
1歳9か月
4 足の動きだけで上手に

1 子どもたちの多様な個性

西　築山の斜面をすべって降りる。言葉にすれば、ただそれだけの行為で
すが、子どもたちはさまざまに、一人ひとりのやり方で楽しんでいます。
頭の方を下にしてはってみたり、あおむけになったり、すべり方にも一人
ひとりのアイディアがあります。この斜面をすべり降りるだけで、何種類、
何通りの降り方があるのだろうと思わされますね。どの子も自分らしさ、
自分のスタイルをもっていて、それが自由遊びのなかで発揮されているこ
とがわかります。

伊藤　築山をはじめ、園庭の遊具や環境は、そこにあるだけでも子どもた
ちの心を自然とひきつけているようです。築山に登るところがあって、そ
れから斜めになってすべるところがあったら、子どもたちって本当にいろ
んなすべり方をするんだなあと思います。監督も演出家もいないし、「す

べり方を変えてね」と頼まれたわけでもないのに、みんな違う姿を見せてくれます。

　場面１で、Ｂくんはすべりながらどんなイメージを抱いていたのかわかりませんが、尺取り虫の表現遊びのようにも見えますね（4）。ちょっと私もやってみたいくらいです。保育のなかの「身体表現」は、こんなところにも生まれているんですね。

西　まだ生まれて１年か２年の子どもたちが、こんなにも身体を駆使して築山に挑んでいくのはすごいことですね。一人ひとりの遊び方には多様な個性がありますが、発達の時期によっても、また遊び方が変わってくるのでしょうね。

伊藤　３歳未満児がスプーンや箸などの食具をつかいこなせるようになっていく過程を観察したことがあります。子どもたちは、最初から大人のように持てるわけではありません。さまざまな持ち方・つかい方をいくつかの段階に分けることもできますが、よく見ていると一人ひとり、少しずつ違った持ち方をしていることに気づかされます。

　同じように、築山を登ったり、すべったりするのにも、その子なりのやり方があります。それは、そのときの発達や、そのときの思いによって、どんどん変化していくものです。

西　早く走れるようになるとか、逆上がりができるようになるとか、保育のなかで「できる」に出会うことはたくさんあります。けれども同じ「できる」にも、よく見てみると、その子らしいやり方があり、表情があります。「できるか、できなかったか」を超えて、その子らしさをとらえられれば、一人ひとりの成長に寄り添うことができるし、保育の体験を豊かにしていくことができるでしょう。

2　子どもどうしのかかわり

西　子どもたちの遊び方や表現は、個に閉ざされているわけではなく、**場**

場面2
3月

⑤ 後ろ向きでチャレンジ

⑥ かわるがわる転がっています

⑦ 合流するまで待っています

⑧ 一緒に登ろうね

　面1のAくんのように、先にすべっている子や、後ろからくる子の様子も見て、それも自然に取り入れられているようです（③）。単に模倣するということではなく、お互いに触発し合うなかで、その子らしい楽しさを生み出しているようです。子どもが心から楽しむ自由遊びでは、互いに触発し合う関係のなかで、それぞれの個性が発揮されています。

　場面2では2歳児の男の子どうしがじゃれ合いながら、築山を転がったり、登ったりしています。築山の登り降りに加えて、友だちどうしのかかわりもさらに広がっていくのが2歳児らしいところですね（⑥〜⑧）。
伊藤　年上の子どもたちがこの築山で遊ぶ様子を見てきたことも、関係しているかもしれません。園庭は0歳児から5歳児まで、異年齢の子どもたちが出会う空間です。日頃から、この築山ではその子の発達や思いに応じていろんな遊び方ができることを、自然と見てきているのでしょう。

　保育者も子どもたちを誘いかけています。ここでの動画は1歳児・2歳

C くん
1 歳 2 か月

9　しっかり登ります

10　気をつけて降りようね

児クラスのものだけですが、⑨・⑩は 0 歳児の冬の場面です。しっかり歩けるようになったＣくんは、自分からタイヤの階段を登っていきますし、保育者もやさしく寄り添いながら、築山から見える景色の広がりを一緒に楽しんでいます。

西　幼い日々にこんな体験を重ねていくなかで、やがては子どもたちだけで自由にこの場をいかして遊ぶことができるようになっていくんですね。

3　生きて変わりゆく環境

伊藤　築山についている、タイヤの階段もいいですね。ゴムなのでちょっと弾力があって、危なくないよう配慮されているし、丸い感じが子どもたちをひきつけるのかもしれません。

西　この園庭には、自然をいかした総合遊具がいくつも用意されていますね。この築山も、丸木橋で隣のログハウスにつながっています。そのログハウスも園庭の木の上につくられていて、さらに別の木の上のお家と吊り橋でつながっています。ほかにも、すべり台や登り棒などが木でできた小屋とつながっていて、子どもたちはいろいろな遊び方をしていますね（プロローグ参照）。

伊藤　こうした総合遊具は、専門の業者だけでなく、園の保育者や、保護者の協力も得て、みんなで話し合ってつくられたものです。ずっと同じというわけではなく、メンテナンスも必要になりますから、そのたびに新し

いアイディアも加わって、少しずつ変化しています。

西　総合遊具は一度つくったらそれで完成というわけではなく、生きて変わりゆくものなんですね。木も生きているし、それから修復や改良の機会がくるごとに、子どものために何がいいか考えて話し合う大人たちの思いによって、いかされているのだと思います。また、長年にわたって子どもたちがそこでいろんな楽しみ方を見いだしてきた歴史が、この環境を生命的なものにしているのだと思います。

対話をふり返って

1　築山を登るのにも、子どもの個性、発達、そのときの思いによって、さまざまなやり方があり、表情がある。

2　子どもたちは互いの個性をとらえながら、触発し合って遊びを創り出し、そこから学んでいる。

3　園庭の環境は、そこにある自然や素材、そして保育者の思いによっていかされている。

⑨

料理はお手のもの

ごっこのなかの" わざ"

　ままごとの遊具はいつでも大人気です。どんなお料理をつくっているのでしょうか。

　どの子も自分自身で献立を考え、自分らしいやり方で、生きいきと、そして真剣に取り組んでいます。そうしてつくっている様子を見てみると、その腕前も、なかなかのものです。動画と写真で見てみましょう。

　1歳児高月齢と2歳児低月齢がともに生活しているクラスでの場面です。

DVD chapter 9

　Aちゃん（2歳6か月）が、テーブルいっぱいにお皿を広げています。カップにはいろんな味のソースを用意しているようです。なかにはお手玉が入っています。そうして、どのお皿にも、手際よくソースをかけていきます。これで完成！自分でも満足そうです。

動画を見る視点

■1 「ごっこ遊び」の楽しさ

　子どもたちは「ごっこ遊び」のなかで、大人が日常生活をする姿を取り入れて遊びますが、そこには単なる「模倣」を超えた楽しさがあるようです。子どもたちが「ごっこ遊び」を楽しむ様子から、改めてその楽しさを感じ取ってみましょう。

■2 子どもが体現する"わざ"

　「ごっこ遊び」のなかで、子どもたちはなかなかの"わざ"を見せてくれます。その見事さにも目を向けてみましょう。

① お皿をいっぱい並べて

② いろんなソースを

③ 手際よくかけています

④ うまくいったよ

1 「実現しようとする意志」

伊藤　2歳になった子どもたちは、見えないものを手に乗せたり、お皿に入れたりして、「はい、どうぞ」とくれることがよくあります。この場面でもお皿のなかに、目に見えるものはありませんが、心のなかではいっぱい入っているんでしょうね。

西　子どもたちはどんな料理をつくるのか、自分自身で考えて、そのためにはどんな材料が必要なのか、一瞬一瞬のひらめきをいかして、思いつくたびに入れていきます。煮ようか、焼こうか、火加減は……と、手順も自分なりに考えながら、すぐに実行に移していきます。本当に満足いくものがつくれたときも、それから誰かに食べてもらうのも、とてもうれしそうです。

　今そこにあるものをいかしながら、自分自身の采配と技術で、自他とも

にうれしくなるようなものをつくっていくのは、私たち大人がしている家事や仕事も同じですよね。状況を受け止めながら自他をいかせるよう、自分の力を総動員してことにあたるという、自我の力が発揮されます。

　またそんなときの子どもたちからは、「きっとこれをやり遂げなければ」という差し迫った意志が感じられます。自分が伸びていく上で必要な体験なのだということを、どこかで感じているのかもしれません。津守眞は保育のなかで、子どもたちの「実現しようとする意志」を育て、支えていくことが大事だと考えていました（※）。それは私たち大人も含めて、生涯にわたって続くものです。保育のなかの遊びは、目に見える技術や能力ばかりでなく、その根本にあるその子の自我や、心の豊かさを育てていくものなのだと思います。

2　"わざ"を発揮する

伊藤　テーブルいっぱいにお皿を並べたＡちゃんは、ドレッシングなのか調味料なのか、最後の仕上げをしているようです。本当に見事な手つきでかけていくので、見とれてしまうばかりでした。どのお皿にも、順番にかけなきゃと思っているんでしょうね。あんまり上手にしているのでカメラを向けると、ちょうどお料理が完成する最後の場面を動画で撮ることができました。

西　本当に、"料理はお手のもの"という感じですね。遊びのなかで、お手玉やチェーンリングをつかってお料理をつくることはよくありますが、そんな場面一つをとっても、つくっていく過程や、その子が抱いているイメージのなかに、その子らしい雰囲気や持ち味がにじみ出ているのだと思います。料理する姿にも、本当に自分自身を入れ込んでいる様子が感じられます。

伊藤　それにしても、Ａちゃんの腕前には本当にひきつけられますね。⑤・⑥は同じころ、別の日の写真ですが、ガスの火加減を調節するのも手慣れ

火加減も大事です

6 大鍋には力が要りますね

7 一緒にお料理をしています

た様子だし、おなべから料理を盛り付けるのも、とても真剣です。

　⑦は、AちゃんがBくんと一緒に遊んでいるところです。園によって
は違うクラスに入っていたかもしれない二人ですが、この園では2歳児
低月齢と1歳児高月齢が一緒のクラスがあるので、BくんもAちゃんの
姿に触発されて、自分の料理に取り入れています。

西　いわゆる「異年齢クラス」ではなくても、子どもたちはそれぞれの個
性で発達しているので、お互いの多様な影響を取り入れながら育っていく
姿が見られますね。

　⑤での火加減の調節は、何気なくしているように見えますが、だからこ
そ熟練の"わざ"に見えますね。いいかげんにしているのではなく、力ま
なくてもちょうどいいところにきゅっと合わせることができる、そんな感
じです。

　ごっこ遊びで子どもが大人の生活を取り入れるとき、その一つひとつの

Cくん
2歳4か月

フライパンは材料でいっぱい

9 台に乗って料理します

10 集中して炒める

11 細かくつまみを調整します

行為を即物的に模倣しているとは限らないように思います。むしろ、熟練するとはどういうことか、一つのものをつくり上げるとはどういうことかなど、行為のエッセンスや、その人のアイデンティティを感じとって、自分自身の想像力を通してつかみとっているのではないかと思います。

伊藤 ⑧〜⑪は、同じ時期にこのクラスの1歳高月齢児、Cくんがお料理をしている様子です。本当に上手につくっていますね。⑪のように、やっぱり火加減をすごく慎重に調整しています。こんなことを、どこで覚えるのでしょうか……。大人がやっているのを見ているのかもしれませんが、でも本当にこんなやり方をしているわけでもないでしょう。火加減って大事なんだということを感じとって、自分自身のやり方で真剣に取り組んでいるんでしょうね。

西 このキッチンは木でできていて、つまみはまわるけれども、本物のようにちょうどのところで止まるわけではありません。それでもこんなに真

剣に取り組んでいるのは、心のなかにイメージがあるからでしょうね。目には見えないけれども、一人ひとりの心のなかでイメージが生きて動いているからこそ、保育のなかの遊びは豊かで、楽しく、意味あるものになるのだと思います。

※津守眞『子ども学のはじまり』から
　「素材にふれて、それを探索しながら、自分の感じ方やイメージをもつことから、個性的な意志が生まれることを述べた。そのような体験をすることにより、子どもは、その体験の前と後とでは、異なった自分となっている。それは、自分の中に生まれるイメージを体験しつつ、自分らしい何ものかを実現する過程であり、そこに体験としての発達がある。それが発達体験であり、それは観察によって大人も同種の体験をすることができる。」(津守真,1979,p.133)

対話をふり返って

1　この時期の子どもたちは目に見えないものをイメージして、自分自身でつくりあげていく。自由に素材にふれるなかで、子どもたちの「実現しようとする意志」が育っていく。

2　ごっこ遊びのなかで子どもたちは、行為を模倣するだけでなく、そのエッセンスを自分自身の想像力でつかみとっていく。

⑩

❧ とってもいいかんがえ！

ともに創る物語

　2歳児クラスの二人が、赤ちゃんのお世話をしています。あちらこちらと場所を変えながら、同じテーマで二人の遊びが続いているようです。赤ちゃんのいる生活のなかで起こってくるどんなことも、二人で相談しながら進めています。この二人の間で展開する遊びは、気がついてみると、もう30分ほども続いていました。

　部屋の模様替えをはじめる男の子。その姿を見て女の子は、「それ、いいかんがえ。とってもいいかんがえ！」と納得の様子です。

DVD chapter 10

　この日、2歳児クラスで子どもたちのいろいろな遊びの場面を観察していたのですが、気がついてみるとAちゃん（2歳5か月）とBくん（2歳9か月）はかなりの時間、ずっと一つの世界を共有しながら遊んでいたようです。

　運動遊びにもつかっている遊具のなかをお部屋のようにして、Aちゃんは、赤ちゃん人形にミルクを飲ませてあげています。Aちゃんは「トイレに行ってくるね」とBくんに声をかけ、立ち上がったのですが、別の男の子が、「この子が泣いてる」とAちゃんに赤ちゃん人形を預けます。するとAちゃんは笑顔になって、この赤ちゃんの面倒を見はじめました。

　Bくんがベビーカーを持ってきました。二人で赤ちゃんを連れて、部屋の外のテラスに出かけました。Bくんはウレタンブロックを動かして、部屋の模様替えをしているようです。それを見ていたAちゃんは立ち上がって、「Bくん、それ、とってもいいかんがえ！」と言いました。

■1　ともに生み出すイメージの世界

　2歳児クラスの子どもたちが、自分たちだけでどれだけイメージと物語をくり広げていくか、その実際を感じてみてください。

■2　遊びを支える環境と関係性

　子どもたちがこれだけの物語を創りだしていくとき、保育の環境や保育者のかかわりは、どうあるべきでしょうか。

A ちゃん
2 歳 5 か月

1 赤ちゃんのお世話をしています

B くん
2 歳 9 か月

2 B くんと一緒に話し合いながら

3 トイレに行こうかな

4 この子のお世話もしなきゃ

1　イメージの世界で対話し、ともに遊ぶ

伊藤　この日は、2歳児の二人がイメージを共有し、話し合い、心通わせるなかで、かなりの時間にわたって自分たちの世界をつくっていたことに、驚かされました。観察しているときは、初めからこんなふうに二人の遊びが続くと思ってはいませんでした。

　動画は二人がそれぞれの部屋のようなところにいる場面からはじまっていて、「かぎ？」「かぎ！」というやりとりがくり返されています（②）。鍵のことを言葉として理解しているのかどうか、はっきりとはわかりませんが、互いのやりとりのなかで、覚えはじめた言葉を確かめ合っているようです。

西　言葉も豊かになってきているのですが、言葉だけでやりとりをしているわけではないですね。むしろ言葉で表現しつくさなくても、イメージや

5　お出かけしよっか

6　「ピッ」とするんだよね

7　「かぎ？」「かぎ！」

8　「とってもいいかんがえ！」

リズム、親しみの感情などを通してともに対話し、一つの世界を共有して楽しむ力を、人間は本当に早くからもっているのだなあと思います。

　大人どうしの話し合いだって、イメージやヴィジョンを共有しないままではすれ違いに終わることもありますよね。言葉の表層よりも大事な関係性の基盤が、０・１・２歳の保育を通して培われているのだと思います。

　言葉をつかいこなしていく過程も、大人が教えることもありますが、こんなふうに子どもどうしやりとりするなかで、感覚をつかんでいくことも多いでしょうね。正確に覚えること以前に、自分自身の思いで、自分が納得して言葉をつかっていく体験を積み重ねることが大事なのだと思います。この動画のなかでも、子どもたちは自分の思いを自分らしく言葉にしようと、懸命に考えながらしゃべっているのが見てとれますね。

伊藤　Ａちゃんは赤ちゃんに薬をあげるのにも、ちゃんと薬瓶を振って、本当に上手にしていましたね。そのあと「トイレに行ってくるね」と立ち

上がったのですが、それはごっこ遊びのセリフというより、本当にそうしたかったのかもしれません（③）。ちょうどそのときほかの子がきて、赤ちゃん人形が泣いているからと託されてしまったので、結局トイレには行かなかったようです。

西　Aちゃんがやさしく人形の世話をしていて子育て上手な様子を、その子は見ていたのでしょう。泣いているという赤ちゃん人形を託すときには、Aちゃんなら受け止めてくれるだろうという信頼感もあって、自分自身の気持ちも手渡していたのかもしれません。赤ちゃんを受け取ると、にっこり笑顔になっていたし、Aちゃん自身、そうするのもうれしいなと思ったんでしょうね。

　遊びのなかで子どもたちは、そのときどきの状況の変化を、すぐに自分の世界に取り入れていかしていきます。二人がイメージの世界を共有しているからといって、それがまわりから閉ざされたものというわけではなくて、むしろほかの子どもたちともそのイメージの世界をいかしながらかかわっていく。そんな柔軟性があるからこそ、遊びは思いがけない形で発展していくのかもしれません。

2　保育者の援助について考える

伊藤　いくつかの動画をつないで短時間にまとめていますが、本当はもっと長い間、二人は一緒に遊んでいました。保育者も、二人がそうやって遊んでいることは見ていて知っていたのですが、わざわざ二人の世界に介入してはいませんでした。私もいくつかの場面を撮ってはいましたが、遊びについてたずねたりはしませんでした。そういう状況で、二人は保育室の環境を上手につかって遊びをくり広げ、「とってもいいかんがえ！」にたどり着きました。

　保育者の援助って何だろうと考えさせられますね。もし保育者がこの場面に気づいて、「次はどんなふうに発展させようか」とねらいはじめたと

したら、遊びの展開はずいぶん違うものになったでしょう。何か「教育的」な意図をもって、「かぎを見つけたら、次はどうしようか」とか、「トイレは行かなくていいのかな」などと介入していたら、かえって二人の遊びはこれほど展開せずに終わっていたかもしれません。

西　子どもの心から生まれたイメージには内的な必然性がありますが、その流れとかけ離れた形で保育者がかかわれば、遊びの熱を冷ましてしまうかもしれませんね。

伊藤　この日、保育者が二人の世界に気づきながらも、その二人の遊びが本当に充実しているのを知っていて、それを尊重していたのは、とても大事なことだったと思います。だからこそ、二人の遊びがどこまでもつながっていったのではないでしょうか。

西　「見守る」というのは、保育者が何もしないとか、関係から身を引くということとは違いますね。まず子どもたちがいまどんなことを楽しんでいるのか、感じ取っている必要があります。子どもたちが安心して想像の世界を楽しめるのは、それが保育者との信頼関係や、自分を出して遊ぶことのできるクラスの自由感ある環境に支えられているからでもあります。目に見える形での介入ではないにしても、心で、まなざしで、どの子ともつながっていたいですね。

　子どもたちがイメージの世界で遊んでいるとき、保育者が介入するとしたら、それは子どもからの呼びかけに応えたり、子どもの訴えを受け止めたりするときなのだと思います。実際、子どもたちも、自分たちで夢中になって遊ぶときもあれば、大人に何かを求めて誘いかけたり訴えかけたりする場合もあります。そんなとき、保育者は言葉や行動といった側面をとらえるだけでなく、子どもたちとイメージの世界を共有し、共感することができればと思います。

　イメージを感じ取るにも、イメージの世界でかかわるにも、繊細な感受性が必要です。津守房江（※）は、自分の思いがかなえられなくて泣いて

いる子どもにどうかかわるか、保育の体験から語っています。子どもの思いをイメージの世界で実現できるよう支えるのと、何かほかのものでごまかしたり気をまぎらしたりするのは、違うというのです。「大人にとっては、子どもが求めていることの中で、中心となるイメージは何なのかを、感じ取る想像力やゆとりが必要であろう」（『育てるものの目』, p.132）。見守るにしても、かかわるにしても、子どもの内的な世界を、自分自身の心を動かして理解し感じとりたいですね。それはいつでもできることだとか、簡単なことではありませんが、そうしたいと願っています。

※津守房江（1930-2016）
　保育研究者。家庭で我が子を育てつつ、雑誌上で読者の保育記録にコメントし、子育てを支えてきた経験、愛育養護学校での障碍をもつ子どもたちとかかわる保育実践をもとに、津守眞と共同で人間的な保育学への洞察を深めた。その洞察は、『育てるものの目』『はぐくむ生活』などの著書にまとめられている。

対話をふり返って
1　子どもたちは、お互いの対話を通して、まわりの状況も受け止めながら、遊びとイメージの世界を広げていく力をもっている。
2　保育者のかかわりによっては、その子たち自身の遊びを妨げることもある。子どものイメージの世界を尊重しつつ、かかわり、また見守ることが求められる。

⑪
✍ 砂場を駆ける列車

子どもが抱くイメージ

　列車とトラックに、一心に砂をかけています。

　大きなシャベルで山をつくり、それから小さなスコップを手にして、列車やトラックが完全に砂に隠れるまで。

　できあがったら、今度は山を崩し、ふたたび列車とトラックを取り出して走らせます。そうしたら、また砂をかけてお山のなかへ入っていきます。

　どこまでも取り組んでいますが、そろそろお昼の時間です。こんなとき、保育者はどんなふうに声をかけるでしょうか。

DVD chapter 11

> 　Aくん（3歳8か月）は砂場で、大きな山をつくっています。そうして列車やトラックのおもちゃを埋めているのです。きれいに埋めたあと、道筋をつけるように列車とトラックを取り出して走らせています。そんな遊びをくり返しているのを、保育者も見守っていました。
>
> 　そろそろお部屋に入る時間のようです。保育者が「Aくん、トンネルから出たら、どこに行くの？」と声をかけると、「こうえん」とのこと。「じゃあ、公園に行ったら、列車をもとに戻してあげてね」とだけ声をかけて、保育者はほかの子の片づけの場所に行きました。そのあと、Aくんは納得行くところまで遊んでから、自分で片づけをはじめました。

動画を見る視点

■1　その子が持つトンネルのイメージ

　Aくんが心にもっているトンネルと列車のイメージについて、動画を通して話し合ってみましょう。

■2　遊びのしめくくり

　遊びが充実したものであるほど、その遊びをどうしめくくるかも大切になってきます。片づけの際、子どもがどんな体験をしているか、また保育者はどうかかわるかなど、考えたいことはたくさんあります。

1 列車を砂で埋めては

2 砂から出して走らせます

3 「列車はどこに行くの？」

4 自分で片づけをはじめました

1 心のなかにあるイメージの世界

伊藤　この日、Ａくんは列車やトラックを、見えなくなるまでていねいに砂のなかに埋めていました。それができたら今度は砂山に手を入れ、なかにある車を探り当てて、山の上にしっかり道をつけるようにして走らせていました。何度も一心にくり返していたので、その真剣さにひきつけられてしまいました。

　私も初めからずっと見守っていたわけではなく、砂場のちょっと離れたところにいたんです。何を思って遊んでいるのかは、そのときはわからなかったのですが、そばにいた保育者に聞いてみると「トンネルみたいですよ」と教えてくれました。砂をかぶっているときは、トンネルのなかを走っているんです。それから砂から出したときは、トンネルを出たところのイメージをもって、遊んでいるようでした。

西　そう聞いてみると、なるほどなあと思えてきますね。トンネルのなかにただいるだけではなくて、走り抜ける動きを表現するなら、こんなふうになるのかもしれません。子どもが何をイメージしているのかをくみ取るのは大事ですね。「何をしているの？」と直接たずねてしまうと、子どもの遊びをかえって妨げてしまうこともあるかもしれないし、0・1・2歳児は言葉ですぐに説明してくれるとも限りません。この場面での保育者は、子どもを見守り、かかわるなかで、自然とその子の思いを感じ取っていたんでしょうね。子どもの世界を理解するのは、直接の質問だけでなく、その子との心のつながりや、遊びをよく見る目、大人の論理を超えた想像力を通して可能になるのだと思います。

伊藤　これは2歳児クラスの年度末なので、3歳になっていますが、直接には目に見えないものをどれくらいイメージしているのかなとも思ったりもします。私が保育者をしていたころ、3歳児と芋掘りに行くと、土のなかの芋は見えないので、「どこにあるの？」とたずねられましたが、4・5歳児は見えないものを想像して掘ることができていて、違いがあるんだなあと思ったことがあります。この場面では2歳児クラスの終わりですが、目に見えない世界をもう自分でイメージできているんだなあと思います。

西　子どもにとって、内側の世界と外側の世界を行き来する体験は、不思議な魅力をもっているようです。「いないいないばあ」が大好きになった1歳児は、両手で顔をおおっただけで、もうみんながわからないくらい隠れおおせた気になっています。見えない世界に関心をもったり、そこから何かが出てきたりということを、子どもは本当に楽しみますが、そのことのわかり方や楽しみ方にも、発達や時期によってさまざまな色合いがあるのでしょう。

　津守眞は、ある4歳児が石を砂場に隠しては、「このなかになにがある？」とくり返し問いかけてきたというエピソードを取り上げています。この幼い子どもにも、容易には見てとることができない「内部の世界」が生まれ

ているのだということに気づかされたと彼は語っています。外側から観察するだけでなく、子どもの心にふれて、その内面の世界を理解する保育学が必要だというのです（津守眞, 1980）。津守に甘えながら、隠された石のありかを教えたその4歳児は、自分の内部の世界を津守と分かち合いたいという願いをもっていたのでしょう。

2 イメージを共有してかかわる

伊藤　お昼の時間が近づいてきたので、「そろそろ片づけようね」という声もかかりはじめていました。この園では、時間になったから一斉に移動するようなことはしていなくて、互いに声をかけながら、子どもたちなりに遊びに一区切りをつけたり、片づけに取り組んだりするなかで、自然とお部屋に帰っていきます。

　この場面では、保育者が「Aくん、トンネルから出てどこに行くの？」と声をかけると、Aくんは「こうえん」と答えました。「そう、じゃあ公園に行ったら、列車をもとに戻してあげてね。それからお部屋に入ろうね」とだけ言って、保育者はほかの子どもたちにも声をかけに行ったんです。Aくんはそのあとしばらく遊びを続けていましたが、みんなが部屋に入る気配もわかってきたようで、最後に列車を走らせて、自分で片づけをして、帰って行きました。そこまで見ることができてよかったと思うし、保育者の言葉がけも、とてもその子に寄り添ったものだったと思います。

西　保育のなかではいろいろなことが同時に起こっているので、一つの遊びを最初から最後まで見続けるというより、その途中を見ていることも多いものです。でもこの場面では、Aくんなりに遊び終えるところを見ることができましたね。

　片づけの場面でどんな言葉をかけるか、保育者は考えさせられることが多いと思います。こうした「移行（transition）」（※）の場面での接し方のなかには、その保育者の実際の保育観が表れるような気がします。移行の

問題は入園・卒園などの大きな節目に関連して論じられることも多いのですが、こうした片づけの場面をはじめとして、日常的にもさまざまな移行が生じていると言われています。移行を外的な観点からとらえると、いかにしてスムーズに移行させるか、片づけさせるかといったことに意識が向かいがちです。それに対して内的な観点からとらえてみるなら、移行の際に子どもたちがどんな体験をしているのか、子どもの思いを尊重してかかわることができるでしょう。

　津守房江は、子どもがおもちゃを次々と出して片づかない場面を取り上げて、こう語っています。

　　私には片付けてから次のことをするように注意するよりも、その一つ一つの遊びの中で、本当に自分を発揮しているか、自分の思いを満たしているかの方が、気にかかった。〔中略〕子どもが落ち着いて遊んでいるかどうか、子どもの遊びや生活のリズムが無理なくいっているかどうか、見直すことも大切である。
　　片付けることは、過ぎ去った時の物を整理するだけでなく、この空間を愛して、またここで生活しよう、またここで遊ぼうという時、無理なくできる（『育てるものの日常』, pp.194-195）。

　片づけの場面は、子どもたちが自分自身を打ち込んでいた遊びの世界に別れを告げるときなのだともとらえられます。時間だから、きまりだからと、自分の心の世界は置き去りにしていくということでは、かえって子どもの自律性は損なわれてしまうかもしれません。

　ここでの保育者の言葉は、その子のイメージがよりよく実現することを願いながら、その上でお昼に誘いかけるものでした。子どものイメージの世界にふれて、それを尊重するかかわりだったからこそ、その子も満ち足りた気持ちで遊び終え、立ち上がっていくことができたのでしょう。

伊藤　それだけＡくんは自分のイメージをもって一心に遊んでいたのかもしれませんね。スコップの貸し借りなど、まわりの子どもたちとのやり

とりもありましたが、ほかの子もＡくんが自分のイメージをもって遊んでいるのがわかるんでしょう。そうやって一心に遊んでいるときって、まわりの子はじゃましたりしないように思います。

西　たとえば砂場で一生懸命山をつくっている子がいたら、ほかの子が一緒につくろうとしたり、壊そうとしたりして、トラブルになることもあります。それはその子の世界とかかわりたいという親しみをこめた願いかもしれないし、あるいは自分自身に夢中になれるものが見つからない不全感がそうさせるのかもしれません。でも、その子が本当にイメージの世界をしっかりともって遊んでいるときは、子どもたちはそれを尊重しているようです。自分自身のイメージやヴィジョンをもち、それを生きた形で展開できることが、子どもの心を支える力となっているように思います。

※「移行（transition）」
　子どもにとって社会環境や、自分自身のアイデンティティが変化していく時期は「移行期」と呼ばれています。入園・卒園などの大きな変化はもちろん重要ですが、登園・降園、片づけをして食事に向かうことなども、外的・内的な変化とそれに必要な過程を体験する、日常的な移行と捉えられます。移行期に生まれてくるさまざまな情動体験をどう理解し、支えるかは、保育におけるかかわりの質を反映するものだとも言われています。

対話をふり返って

1　子どもを外から観察するだけでなく、保育者が自らの心を動かしながら見守り、かかわることで、その子の思いやイメージを理解することができる。

2　片づけの場面では、子どものイメージの世界を尊重してかかわることが、心満ち足りて遊び終えることにつながっていく。

第 II 部

動画で読み解く
保育者の援助と環境

　第 II 部では、保育者の援助と環境について考えます。

　0・1・2歳児とのかかわりは、言葉だけでなく、身体や心を通じての非言語コミュニケーションによる部分も大きいもの。そんなやりとりの様子を、動画を通して見ていきましょう。

0歳児クラス　11月

⑫

一人とも、みんなとも

保育者のまなざしと応答性

０歳児クラスでの、自由遊びの時間。

一人ひとりの子どもたちが、生きいきと遊べるように——
どの子の思いにも応えられるように——
子どもたちどうしが楽しみを分かち合えるように——

保育者は一瞬一瞬に心を配り、かかわっています。
一人ひとりを大切にすること、子どもたち全体をも支えること。どちらかだけでなく、両方を可能にする保育者のかかわりを、動画から読み取ることができます。

DVD chapter 12　　　　　　　　　　　　　　　　　　　　　4分12秒

　保育者のまわりで6人の0歳児が遊んでいます。チェーンリングで遊んでいる子もいれば、絵本棚のところを伝い歩きしている子もいて、保育者の前にいるAくん・Bくん・Cちゃん（いずれも1歳2か月）は、積み木のブロックで遊んでいます。保育者は子どもたちの思いを受け止め、交通整理などもしながら見守っていました。Cちゃんが積み木を手渡してくれたので、保育者はにっこりとおじぎをして大切に受け取り、「ありがとう」と言いました。そこでAくんが積み木を投げてしまったので、保育者は「投げたらあぶないからね」と伝えます。Aくんは少し、保育者の膝に甘えていました。その間保育者は、背中になついてくるDくん（1歳5か月）・Eちゃん（0歳11か月）のことも支えていました。Aくんは気を取り直して立ち上がり、Dくんたちの遊びに入っていきました。保育者は、その子たちが遊びやすいように見守っています。

動画を見る視点

■1　保育者の応答と配慮

　保育者は状況に応じて、一瞬一瞬に子どもにかかわり、配慮しています。そんな保育者のまなざしや応答の実際を見てみましょう。

■2　保育のなかの個と集団

　子どもたちが自由に遊ぶとき、ほんの短い間にも、いろいろなことが起こっています。一人ひとりが自由感をもって遊びながら、みんなが和やかに過ごすことのできる保育のあり方を、ここから見て取ることができるでしょう。

■3　保育者の専門性

　子どもたちの行為を受け止めて応答することは、保育者の専門性の一つです。この場面は、そうした専門性の具体化としても見ることができます。

A くん
1歳2か月

B くん
1歳2か月

C ちゃん
1歳2か月

E ちゃん
0歳11か月

1 ブロックで遊び方を提案

2 先生にあげるね

3 ありがとう

4 両手で打ち合わせられたよ

1 応答は心から生まれる

伊藤 　0歳児クラスでは、とくに生活のケアなど、一対一でのていねいな
かかわりが求められる場面も多い一方で、こんなふうに遊びのなかで複数
の子どもたちとかかわる場面もあります。

西 　「保育者の応答的なかかわり」の大切さはよく言われていますが、実
際の場面で、それも複数の子どもたちとかかわる場合、それが具体的にど
んなふうなのかを、動画から見ることができますね。

伊藤 　保育者は子どもたちを、目で見るだけでなく、手でも肩でも背中で
も、さまざまな感覚をもって感じとり、受け止めています。そうしながら
も、向こうにいて自分で遊んでいる子にも、ところどころで目を向けてい
ますね。一人ひとりも、全体も見ようとしていることがわかります。

　保育者の応答も、一瞬一瞬をとらえながら、こまやかになされています。

Dくん
1歳5か月

| 5 | 投げちゃった |
| 6 | 投げたらあぶないからね |

| 7 | ちょっと甘えて、立ち上がって |
| 8 | また遊びはじめます |

ブロックを差し出した子どもに、保育者は笑顔で、本当にていねいにおじ
ぎをして、両手で受け取っていました（③）。こんな何気ないしぐさのな
かにも、その保育者がどんなふうに子どもと出会い、尊重しているかとい
う基本的な姿勢が伝わってくる気がします。また応答は、言葉や手だけで
なく、たとえばもたれかかる子を温かく受け止めるように、背中や膝など
によってもなされています。

西　保育者は、保育の「いま、ここ」に本当にフォーカスしているんだな
あと思います。多重のチャンネルを通して子どもを受け止め、応答できる
のは、何か決まった手順だとか、一つひとつ意識的な推論によってするこ
とばかりではないでしょう。ケアの本質は心から生まれると言われるよう
に、どの子にも心を向けているからこそ、そのときの一瞬にふさわしい応
答が生まれてくるのだと思います。保育者が子どもに「応答」するとは、
マニュアルに頼ってできることではありません。その瞬間に相手から生ま

れるものに「応え」、保育者が自分の心をもって、人間として「答え」ている、ということなのだと思います。

2 保育のなかの個と集団

西　保育のなかでは、一対一のかかわりも大切だし、子どもたちの集団とかかわることも大切になってきます。ときに、「一人の子と深くかかわると集団を見ることができない」「集団を見ていると、一人ひとりに対応することができない」というように、それが矛盾するもののようにとらえられていることもあります。

伊藤　「個と集団」の両方を大切にすることは、保育者にとって永遠の課題かもしれません。しかし、本来は対立したり矛盾したりするものではないのだと思います。この動画が示すように、どの子にも心を向けて、一人ひとりにこまやかにかかわることと、子どもたちが互いに楽しみを分かち合い、いかし合う集団を育むこととは、ともに進むものです。

西　動画のなかでも、保育者は遊具を通して子どもたちの共通の興味をつないだり、子どもたちの距離感を調整したりして、集団の場を維持するためのかかわりをさまざまにしていますね。

　子どもたち自身も、ほかの子がしていることがおもしろそうだなと思えば、それを取り入れてブロックを打ち合わせてみたり、その子の方に行ってみたりなど、仲間どうしかかわろうという思いが生まれています。子どもたちのなかにもそんな思いがあるからこそ、一人ひとりを大切にする保育が、集団としてのクラスの育ちにつながっていくのでしょう。

伊藤　ここには保育者と6人の子どもたちが映っていますが、クラスのなかにはまた別の遊びをしている子どもたちもいるし、それからこの園では担当制の保育をとっているので、食事をとっている子どもたちもいて、それぞれに保育者がかかわっています。子どもたちは、ほかのところで遊びや生活をしている子どもたちの雰囲気も感じとっているし、また保育者

たちも自分のまわりだけでなく、ほかの子どもたちの様子も見ているので、そんな関係にも支えられて、この遊びがあるのだと思います。動画の外にある風景ですが、そんなところも想像しながら見てもらえればと思います。

3　「かかわり」の専門性

伊藤　私はこの動画を、保育者のまわりで子どもたちが和やかに遊んでいる、いい風景だなあと思って撮りはじめたので、そこにどんな意味があるかと初めから考えていたわけではありません。でも動画をふり返るたびに、この保育者はどういうときでも変わらぬ愛情と笑顔で子どもたちを見ているし、「一人ひとりを大切に、ていねいなかかわりを」とはよく言われることですが、それを本当にしていることが、改めてわかるなあと思っています。

　津守眞も、「一瞬一瞬を、子どもの傍らにいて柔らかく、しかも本気にかかわること、それが保育実践者の専門性の第一である」と語っていました（津守, 2000, p.61）。時代によって保育者に求められることは数限りなくありますが、やはりこんなふうにやさしく、こまやかに子どもたちにかかわり、応答することこそが根本にあるように思います。

西　「一人とも、みんなとも」、どちらも大切にするかかわりについて考えてきましたが、もちろん一人の保育士に何人でも子どもを割り当ててよいと言っているのではありません。その反対に、なかなか真似のできないことだということが、動画を見るだけでもわかるのではないかと思います。経験ある保育者であってもこんなふうに接することができない場合もあるし、まして保育士でない人にとって、たとえば家に0歳児が複数人いる状態を考えてみれば、こうした保育的かかわりがどれだけ大変なことかはすぐにわかることです。保育の条件整備や待遇改善のために、保育者の専門性を社会に伝えていくべきだということが言われていますが、この動画もその具体化の一つだと思っています。

一人ひとりの保育者が専門性を深めていく上でも、実践知を体現する保育者とともに働き、身近に見て育つことができるなら、たいへん幸運なことです。動画はまた、そうした実践知を伝える一つの通路となるでしょう。

対話をふり返って

1　保育者は一瞬一瞬に、さまざまな感覚を通して子どもを感じとり、また言葉でも、心でも、身体でも、子どもに応答している。

2　一人ひとりを大切にすることと、子どもたちどうしがいかし合う集団を育てることは、ともに進む過程である。

3　子どもたちにこまやかな配慮をもってかかわり、応答することが、保育者にとっての第一の専門性である。

13

❧ 鏡を通して

保育のなかの養護と教育

　保育は、養護と教育が一体となった営みだと言われます。子どもが自ら
の可能性を発揮し新しい力を獲得していく過程は、子どもの心身を支え癒
やすことと、ともにあるという考え方です。

　手づくりおもちゃの箱に、心ひかれている男の子。保育者は子どもの興
味をひき出し、それに応えながら、箱についている鏡を一緒にのぞき込ん
でいます。

　この場面一つからも、保育における「養護と教育」について、さまざま
に考えることができます。

DVD chapter 13

　手づくりおもちゃの箱には、いろんな大きさの穴が開いていて、引っぱって遊べる取っ手もついています。保育者はAくん（0歳9か月）に、この箱にボールが入るのを見せました。それから、箱についている鏡を通して、Aくんに話しかけています。Aくんは全身をぱたぱた動かして、うれしそうです。Aくんが足を動かしているのを見て、保育者はAくんが足をふんばりやすいように、クッションを持ってきました。

動画を見る視点

■1　保育環境と保育者の応答

　おもちゃの箱は、Aくんにとってはとても興味ひかれるものだったようです。それも、保育者と一緒に楽しんだからこそでしょう。保育者がどう応答し、環境がどんなふうに用意されているか、見てみましょう。

■2　0歳児クラスでの「養護と教育の一体性」

　保育者は子どもの思いを受け止めて、さまざまに配慮していますが、そうしたかかわりは同時に「教育」的な意義ももっています。「養護と教育の一体性」は、具体的な実践のなかでどんなふうに表れているでしょうか。

■3　子どもの能動性と保育者のかかわり方

　「養護」にしても「教育」にしても、大人が「してあげる」イメージをもつ人がいるかもしれません。一方で、この動画からはAくんがこの遊びに、そして保育者に、能動的にかかわっていることも感じられます。

1 手づくりおもちゃの箱です

2 ここにボールも入るよ

3 鏡もついてるね

4 映ってる！

1 子どもの発達を受け止め、応える

伊藤　Aくんはうつぶせになって、肘を伸ばした手で自分の上半身を支え、持ち上げています。両腕全体で頭を支えていた時期を超えて、こんなに発達してきているんだなあと思います。

　あおむけばかりでなく、腹ばいで過ごすことも意味があります。それが疲れてくれば、また姿勢を変えてあげることや、ゆったりと休める環境も必要ですね。この場面ではうつぶせで遊んでいるところで、その時間が楽しく過ごせたらいいなあと思って、保育者はいろんな遊具をもってきたり、話しかけたり、この動画のように鏡に映る姿を一緒に見たりするんですね。Aくんは足をばたばたしたりもできるようになっているので、それならと、足を突っぱる支えになるように、クッションを持ってきたりしています。そんな配慮も、これからずりばいができるようになっていくきっかけにな

るでしょう（④）。保育者はその子の発達がいまどんなふうなのかを読み取って、それに応じたかかわりをしているんですね。

西　動画のなかでは、保育者がずっと動き続けているのがわかりますね。いま、その子に何が必要なのかをいつも考えていて、それが自然と動きや姿勢のなかに表れるのだと思います。

伊藤　どう環境を整えればいいか、いま何が必要なのか、一瞬のうちに次々と展開されていく様子が見てとれますね。

　段ボールの手づくりおもちゃの箱には、出したり入れたりできる穴や、引っぱることができる球、自分が映る鏡などがついていて、Ａくんが本当に楽しんでいることがわかります。こんなに楽しめる箱ですが、ただ置いておけばいいのではありません。保育者が実際にやってみて、それで子どもも一緒に遊んでみたくなって、そこから楽しさが生まれてきます。

　０歳児クラスなど、幼い時期の子どもたちはとくに、誰かがかかわってくれることは大事ですよね。一人だけで何かに真剣に取り組むというのも、まだそんなに長時間はしないだろうし、やったとしても子ども自身楽しくはないかもしれない。そんな時期に、自分がしていることに応えてくれたり、響き合う誰かがいてくれたりすることが、楽しさにもなれば、情緒の安定にもつながってきます。保育者の表情も、こちらも明るい気持ちになるような、素敵な笑顔ですね。

2　養護と教育の一体性

伊藤　保育者が鏡を指さして、「Ａくん、映ってるね」と声をかけると、Ａくんは足をばたばたさせて、身体いっぱいに気持ちを表して喜んでいました。自分が映っていると思ってうれしかったのか、一緒に見てくれているのがうれしかったのか──その両方かもしれません。

西　保育者と喜びを分かち合うなかで、自分自身の能動性を発揮し、探索活動を広げながら、いろいろなものの性質を知っていく。０歳児クラスの

遊びの場面では、至るところに「養護と教育の一体性」を見ることができます。『保育所保育指針』において、「養護」は子どもの生命の保持・情緒の安定にかかわるもの、「教育」は子どもの健やかな成長・発達の援助にかかわるものとされています。ここでは鏡を通して自分の姿を見つける、鏡というものの不思議な性質を知るということ、いろいろなおもちゃを自ら試しながらその性質をつかんでいくということが、保育者の応答的なかかわりに支えられて、やりとりから生まれる心からの喜びのなかでなされているのです。知的・身体的な発達への動きや、自ら試してみようとする能動性が、保育者との信頼関係に支えられて、育っていきます。

伊藤　「養護と教育」については、たとえば幼くて自分では身の回りのことができないから保育者がしてあげることが多くて、それが「養護」だと思う人もいるかもしれません。そういうとらえ方だと、養護と教育が「一体」ではなく、別々のものとなってしまいます。そうではなくて、生活のケアのなかでも子どもたちはさまざまに伸びていっているし、活動を展開していくのも保育者との関係に支えられて情緒的な安定があるからこそ可能になるわけで、そう考えるとやはり、養護と教育は本来的に一つのものなのだと思います。

3　ケアという営みの相互性

西　「養護」にしても、「してあげる」ばかりのものではないですよね。ケアとは一方的に受けるものではなく、相互的なものだということが指摘されています（※1）。子どもたちの生活のケアも、ただ受動的にされているということはなくて、子どもも能動的に参加したりチャレンジしたりするし、そのなかで学んでいることは限りなくあります。

　この動画では、Ａくんの能動的な力や応答も、保育者のかかわりを引き出す力となっています。保育者の心からの笑顔も、一方的につくられるようなものではなく、子どもたちの存在を受け止めて、それに応えているか

らこそ生まれるものです。

伊藤　Aくんの喜ぶ様子は、その場で見守っていた私たちの心も温かくしてくれました。私も長い間保育者として務めてきましたが、本当に子どもたちは多くのものを私たちに与えてくれていると思います。

西　保育のなかで教えられ、ケアされているのはこちらの方かもしれないと思うことは、いつもありますね。

　養護と教育のどちらも、保育者の側から一方的に与えるようなものではないのでしょう。子どもは保育者の養護的かかわりに支えられるだけでなく、自ら能動的にそのような人間関係を引き出す力を発揮し、伸ばしていきます。そう考えると、養護される体験そのものに、すでに子ども自身が成長する力や可能性を引き出す教育が、内在していると考えられます。養護も教育も、保育者と子どもとがともに創り出していく営みだと言うことができるでしょう。

　保育者の専門性の一つである「養護と教育の一体性」の具体的な表れを、動画を通して具体的に見てきました。こうしたかかわりは、その場で取り立てて意識するというよりも、経験のなかで培われた実践知や保育観をもとに、保育の自然な流れのなかで行われるものでしょう。養護と教育の一体性について、ことさらに言葉にしなくても、流れるような保育の一日のなかで、自らの身体を含むかかわりのなかで実践できること——そこにこそ、保育者の専門性があるように思われます（※2）。

　※1　ケア倫理学者のネル・ノディングズ（1929-2022）は、ケアは倫理的な推論以前に、心から生まれるものであること、またケアする人のあり方だけでなく、ケアされる人との相互的な関係のなかで生まれるものであることを論じている（ノディングズ, 1997）。
　※2　この事例と「養護と教育の一体性」については、伊藤・西（2020）でも論じています。

対話をふり返って

1　保育者は、子どもの発達を読み取り、その子にとっていま何が必要かを考えて、環境を整え、かかわっている。

2　「養護と教育の一体性」に示されるように、子どもが学ぶこと、知ること、成長することは、喜びを分かち合える保育者との信頼関係に支えられて進む。

3　養護も教育も、子どもの能動性と、保育者の応答的なかかわりの、相互的な関係のなかで行われる。

⟨14⟩ ❦ ばあっ！

ありのままの心で

　0歳児クラスの部屋にある、木製トンネル。もぐり込み、はって進むのを、子どもたちは楽しんでいます。もぐり込むといっても、側面は柵になっているので、決して閉ざされた空間ではなく、まわりの人とのやりとりも生まれてきます。揺らしたり引っぱったりできる遊具も取り付けられているので、子どもたちの楽しみ方もさまざまです。

　女の子がトンネルのなかから、「ばあっ！」と声をあげます。思いっきりです。保育者も思わず驚いて、楽しく笑っています。本当の気持ちです。

DVD chapter 14

　木製トンネルのなかにAちゃん（1歳9か月）が入っています。向こうからは、保育者とほかの子がのぞき込んでいます。Aちゃんが立ち上がって、「ばあっ！」、保育者も思わずびっくりです。こんな「いないいないばあ」を、何度もくり返していました。

動画を見る視点

■1　子どもの能動性と保育者の応答

　高月齢の子どもたちは、いよいよ能動性を発揮しています。それを保育者はどんなふうに受け止めているでしょうか。

■2　木製トンネルでの遊び

　木製トンネルという環境が、「いないいないばあ」の遊びを触発しているようです。ここから、ほかにもどんな遊びが広がるか、思いをはせてみましょう。

① 木製トンネルのなかから

② 「ばあっ！」

③ びっくりしたなあ

④ こんどはこっちから

1 自然と心が通じ合う

伊藤　この動画では、Ａちゃんの「ばあっ！」に、保育者もびっくりして笑顔になっています（②・③）。私たちが見ていても同じように、驚かされるし、楽しくなりますね。生まれて１年も過ぎていない子どもたちですが、まわりにいる人たちの心を明るくする、大きな力をもっています。

西　子どもたちと暮らしていると、こういう場面はたくさんありますよね。ほんの一瞬のかかわりのなかでも、子どもたちは私たちの心に何かしら感動を与えてくれます。

　驚きや喜びを含めて、保育者の情動体験は保育の大切な要素です。保育者は「応答的なかかわり」が大切だと言われますが、その応答の原点はこんなふうに、子どもたちと出会って、心動かされるところからはじまるのだと思います。ありのままの、人間らしい、心からの応答です。

倉橋惣三の主著『育ての心』のなかにある、よく知られた言葉に、「ひきつけられて」という一節があります（※）。保育・幼児教育の専門性があらかじめどこかに定められていて、そこに書いてあるから応答的に接しなければならないということではないですね。保育という人間どうしのかかわりのなかでは、心からの対話が必然的に起こってくる。乳幼児期にはアタッチメントが大事だから、保育者もやさしくかかわりましょうというわけではなくて、出会っているなかで自然と心が通じ合っていくし、またそのなかにこそ尊いものがあるのだと思います。

2　見えるけど、見えない

伊藤　乳児保育のなかで、子どもたちの好きなことの一つに、「いないいないばあ」があります。

西　両手で顔をおおえばそれだけで、もう「どこに行ったかわからないでしょう？」と得意になって、「ばあ！」と自分が出てくれば、みんなが喜んで迎えてくれることも確信しています。大人も「あれあれ、○○ちゃんはどこに行ったのかな」などと言いますが、もちろんその子が目の前にいることはわかっているのです。それでも、「ばあ！」と出てきてくれれば、やっぱり楽しい。

　見えるけど、見えない。想像の世界と現実の交錯を、大人と子どもとの絶妙な間合いのなかで楽しむことができる。そんな楽しみをつくり出す力を、子どもたちはもっています。

伊藤　この木製トンネルも、保育のなかではいろいろな役割を果たしてくれるなあと思っています。なかをはって進むこともできるし、つかまり立ちのときにはいい支えになって、伝い歩きもできるし、上面にもいろいろな遊具がついていて、立てるようになった子はそこから興味が広がります。まだハイハイの子どもたちは、側面のところについている遊具で遊んだりもできます。トンネルだから、出口の向こう側とこちら側でやりとりが生

まれたり、入口もちょっと工夫があって、この動画のように横から入って
いくこともできたりします（④）。空間のちょっとした仕切りとしてつかっ
ても、向こう側からも見えるので、閉ざされない形で保育室にアクセント
を加えることができます。

　1歳児クラスだと、この木製トンネルの上によじ登って上面をはい、上
手に下まで降りてくるようなこともできます。一つの遊具を自分の発達に
応じてさまざまにつかいこなしていく子どもたちの力はすごいと思うし、
そんな多様な力を引き出せる遊具が、子どもたちにとっても魅力的なん
じゃないかと思います。

※倉橋惣三『育ての心』から「ひきつけられて」より
　「子どもがいたずらをしている。その一生懸命さに引きつけられて、止める
のを忘れている人。気がついて止めて見たが、またすぐに始めた。そんなに面
白いのか、なるほど、子どもとしてはさぞ面白かろうと、識らず識らず引きつ
けられて、ほほえみながら、叱るのをも忘れている人。〔中略〕子どもの今、そ
の今の心もちに引きつけられる人である。〔中略〕
　教育の前に、先ず子どもに引きつけられてこそ、子どもへ即くというもので
ある。子どもにとってうれしい人とは、こういう先生をいうのであろう。側か
ら見ていてもうれしい光景である。」（倉橋, 1936, p.38）

対話をふり返って
1　子どもたちは、保育者の心を動かす力をもっているし、子どもた
　　ちにひきつけられてかかわることが、保育者の応答的なかかわり
　　の原点にある。
2　子どもたちは発達に応じて遊具をつかいこなし、想像力によって
　　多様な遊び方を編み出していく。

15

～ 色合わせ

自由遊びにどうかかわるか

　自由遊びの時間、子どもたちは色とりどりのブロックに興味をもって、それぞれに楽しんでいるところです。

　保育者は、自由遊びにどうかかわるのでしょうか。「自由遊びのなかで保育者は、観察し見守ることが大切」と言われることがあります。けれども、子どもが真に自由さを感じられる保育とは、見守るだけとも違っています。何気ないかかわり、一つひとつの応答のなかに、子どもの自由感を支える保育者の援助を見ることができます。

DVD chapter 15

　3人の1歳児が、自由遊びをしているところです。Aちゃん（1歳8か月）が色とりどりのブロックをたくさんつないだので、保育者も驚いています。

　Bくん（1歳10か月）はブロックと輪っかの色を合わせていましたが、ブロックが少し足りないようです。そこで保育者はBくんがつかいやすいように、ブロックを足したり子どもたちの前に出したりしています。Bくんは赤のブロックが、手元にあった赤のマットと合うことを発見して、「あった！」と叫び、保育者も喜びを共有していました。

動画を見る視点

■1　自由遊びと保育者の応答

　遊びを見守り、言葉で共感を伝えることはもちろんですが、子どもが充実して遊べるように、保育者はそれ以上にさまざまなかかわり方をしています。

■2　遊びを見る目

　応答的にかかわる上では、子どもが遊ぶ様子をよく見ていることが必要です。この短い動画のなかでも、保育者が一瞬一瞬に子どもの姿をとらえていることがわかるでしょう。

1 　こんなに長くつないだんだね

2 　ブロックが足りないかな

3 　「ない！」

4 　「あった！」

1 　瞬間に応える援助

西　1歳児クラスで子どもたちが遊んでいます。みんなが一斉に同じ遊び
をしているのではなくて、子どもたちがそれぞれに自分の遊びをしている
ところです。とはいえ、違う遊びだからといってまったく別々というわけ
ではなく、ほかの子が楽しんでいる様子や、保育者がそばにいて見守って
くれるのをどの子も感じながら遊んでいるようです。

伊藤　こんなふうに子どもたちがそれぞれに遊んでいるとき、保育者はど
んなふうにかかわるのかなと思いながら撮っていた場面です。

　ブロックをとても長くつないで、空中でゆらゆらさせているAちゃんに、
保育者も驚き、共感を寄せています（①）。Bくんがしていた色合わせの
遊びでは、保育者は青のブロックが足りなさそうだと思って、棚から持っ
てきています（②）。また、赤のブロックもつかえるように、さりげなく

子どもたちの前に出していました（③）。Bくんは輪っかと色を合わせることを考えていたらしく、赤の輪っかはないので「ない！」と声を上げます。でもすぐに、赤いマットも色合わせにつかえると気づいて、「あった！」と発見の叫びをあげていました（④）。保育者もその微妙な違いに気づいて、「そうだね、赤だけちょっと特別だね」と声をかけています。

　こんなふうに、子どもの遊びの流れを見ながら、その瞬間に応じて、必要な遊具や、子どもの遊びを広げられそうな環境を用意していくさりげなさが、本当にすごいなあと思いました。赤のブロックはあるんだけど、輪っかはない、でもマットはある、そんな状況をさっと見てとって、ブロックを用意しています。あとでこの保育者に聞いてみると、色合わせをしているからこうしてあげようというふうに、そんなに意識していたわけではなくて、「自然にそうしていましたね」ということでした。

西　違いにも気づきながら、色は同じなんだなと発見し、応用することができる、子どもの柔軟さが感じられるし、そのことに気づいた喜びも、本当に生きいきとしていますね。保育者がそんな発見の過程を共有しているから、「赤だけちょっと特別だね」という言葉が出てきたんだろうと思います。特別に意図したわけではありませんが、その子がいま楽しいと思っている遊びをとらえて、「こんなふうにしてみると、また遊びが広がるかな」と提案しているようでもあります。そのとき、保育者の側の「こうさせたい」という「教育的」なねらいが強すぎると、遊びの楽しみはその子自身のものではなくなってしまいます。ここでは保育者の側のそんな提案も、遊びの流れをくみながら自然としているから、子どもに寄り添うかかわりになるのだと思います。

2　よく見ているということ

伊藤　こんなふうに子どもに沿った援助ができるためには、遊びをよく見ていることが必要ですね。そのとき、その瞬間に、子どもたちが何を楽し

んでいるか、どんなことにチャレンジしているか感じとること。その子の遊びを豊かにしてくれそうな遊具を持ってきてみたり、さりげなく提案してみたりすること。その子の一瞬の思いを、遊びの流れとともに体験するなかで、理解し共感することなど、保育者がさまざまな配慮をしているのが見て取れると思います。

西　「子どもの遊びを見守る」ということは、よく言われることです。けれども、単に見ているということと、子どもの遊びを「よく見ている」ということは、やっぱり違うことなんでしょうね。目の前の子どもをよく見ていることによってこそ、その子の今の思いをくむ「応答的」な援助が可能になります。

伊藤　ここに挙げたのはほんの短い一瞬の動画です。でも、一人ひとりの遊びを大事にするってこういう援助なんだと思わされる一場面でした。そんな保育者のあり方を、いつも見ていたいと思うし、また考えていきたいと思いますね。

対話をふり返って

1　保育者は、子どもの遊びの流れをとらえて、その瞬間に応じてかかわり、環境を用意している。

2　応答的な援助のためには、子どもたちの思いをくみながら、「よく見ている」ことが必要になる。

⑯

～ 室内での運動遊び

応答する環境

　乳児期の子どもたちは全身をつかって遊びながら、運動能力を発達させていきます。園庭など戸外の環境ばかりでなく、室内でも運動遊びができる環境があれば、子どもたちはそれを自由につかいこなしていくでしょう。

　ここでは1・2歳児クラス（1歳児高月齢・2歳児低月齢のクラス）の子どもたちが、室内の複合遊具で遊んでいます。保育者がどんな環境をつくり、子どもたちに応答しているか、見てみましょう。

DVD chapter 16

5分13秒

　1・2歳児クラスの室内に、運動遊びもできる複合遊具が置かれています。子どもたちは手づくりの車のおもちゃに乗って、すべり台の下をくぐっていました。ちょっと混み合ってきたようなので、保育者が複合遊具を組み替えはじめました。

　すべり台だったのが橋に変わって、くぐりやすくなりました。上を渡りたい子もやってきたので、保育者は交通整理をしています。今度はこの橋をつかって、踏切ごっこがはじまりました。

動画を見る視点

■1　室内で運動遊びができる環境

　室内の運動遊び環境をつかって、子どもたちがどんなふうに身体を動かしながら遊んでいるか、見てみましょう。

■2　保育者はどう環境をいかしているか

　この場面では、遊びの流れに応じて保育者がさまざまに環境を変化させています。保育者がどんなふうに環境をつくり、いかしているかにも着目してみましょう。

1 乗りものですべり台をくぐる

2 ちょっと組み替えてみましょう

3 くぐったり、渡ったり

4 踏切です。通れるかな……

1 子どもの遊びに応答する環境

伊藤　室内でも、身体をつかって運動遊びができる空間を整えたいですね。0・1・2歳児クラスでの室内環境には、指先をつかって遊べるおもちゃや、ごっこ遊びができるコーナー、絵本が自由に読める場所など、さまざまな構成が必要になりますが、そのなかに、身体を大きくつかって遊べる空間も必要だと思っています。

　これは1・2歳児混合クラスの1月ですから、子どもたちはずいぶん大きくなっていて、2歳の後半にかかろうかという子もいます。この動画の複合遊具は、組み合わせたり、移動して形を変えたりすることができます。そんなふうに自分たちの遊びに即して変化していく遊具や環境は、子どもたちにとっても本当に楽しいだろうなあと思って、いつも見ているんです。

西　たとえば木製トンネル一つをとっても、子どもたちはいろんな遊び方

を見せてくれるし、その遊び方も年齢や発達によって変わってきます（「14 ばあっ！」参照）。運動遊びの遊具が一つだけでなく、この動画のように組み合わせると、さらに遊びの幅が広がってきますね。

伊藤　この動画では最初、子どもたちが手づくりの乗りものにまたがって、すべり台の下をくぐっていきます（①）。身体の柔軟さを発揮してくぐり抜けていく子もいますが、少し難しい子もいて、危なっかしいところもあります。そこで保育者は、くぐりたい子どもたちの思いをくんで、さっと組み替えてあげるんです（②）。そうすると子どもたちは、「ここをくぐるんだよ」などと言わなくても、橋の下がつかえるんだということを自ら発見して活用していきます。

西　保育者は、一方的に注意したり遊び方を指示したりするのではなく、子どもたちの様子や遊びの流れをくんで、環境を変えているんですね。子どもたちにとっても、自分たちの思いが受け止められた上で、遊びを発展させる新たな提案が加えられたようで、魅力的なんでしょうね。

伊藤　この車のような乗りものは、1歳の後半ごろからだんだんとつかいはじめているものです。車輪はついていませんが、足で蹴って進むことのできる、室内での乗りものです。これも運動遊びの環境の一つと言えるでしょう。二人乗りをする子もいるし、ときには人形を寝かせるベッドになることもあるし、子どもたちは日頃からいろんな遊び方で、つかいこなしています。

　そんなふうにくぐって楽しむのをしばらく続けているうちに、子どもたちの遊びは遊具を登って橋を渡るように変化していきました。ほかにもやりたい子がやってきたりして、交通整理が必要になってきます（③）。どこから登ったり降りたりしても、どんな楽しみ方をするのも子どもたちの自由ですが、何人も集まってくると少し気をつけた方がいいわけだし、そのことを子どもたちにも伝えています。子どもたちの楽しみがいかされるように、安全を確保していくのも保育者の役割です。

それにしても、すべり台を橋に変えるだけで、遊びはどんどん変化していくんだなと思わされます。「こういう順番でこういうふうにすべってね」とくり返すのではなく、子どもたちの創意がいかされているから、楽しい変化が生まれてきます。子どもの遊びをよく見て環境を整えるとは、こういうことではないかと思いました。

西　運動遊びでは安全への配慮も必要になります。直接注意を促したり手助けしたりすることもありますが、それだけでなく、こんなふうに遊びの流れのなかでより安全な環境をつくっていくということができるといいですね。普段のかかわりと安全への配慮が、自然な形で一体となっています。

伊藤　安全については実際的な配慮も大事で、こういう組み合わせるタイプの遊具ではジョイントがしっかり入ってつながっているかなど、保育者は環境が危なくないかどうか、瞬時に考えていく必要があります。また、保育者は自分だけでするのではなく、「こうしてみよう」と子どもたちに声をかけながら、環境を変えていました。子どもたちもそれを聞いているから、自分はどんなふうに遊ぼうかと考えられますよね。

　遊びのなかで、危険をどう考えるか。危険な遊びは何もかも避けようというのでは、子どもたちも育っていかないし、いろいろなチャレンジができる環境を用意したいものです。だからといって、ただ環境を用意すればいいというのではなく、子どもたちがどんな動きをしているのかよく見て、危ないと思ったら子どもと一緒に修正していくことが必要です。室内の運動遊びだけでなく、外遊びにも言えることですね。ダイナミックな遊びができる保育環境と、保育者のこまやかな配慮の両方が大事だと思います。

　保育って、いつも両極が求められますね。子どもたちの発達に合わせてどんな遊具をつかうかも、保育計画として考えておく必要があります。そんなふうに発達をおさえて計画を立てることと同時に、その瞬間の子どもの興味や遊びの流れによって、そうした環境を柔軟に組み替えていくことも必要です。事前の計画と、「いま、ここ」での柔軟な保育実践と、両方

が保育者に求められるし、それは難しいことでもありますが、そうして保育をつくりあげていくところにも保育者のやりがいがあるのだと思います。

2 子どもたちと一つになって

伊藤　そうして橋を渡っていくうちに、電車が進むような気持ちになってきたんでしょうね。そこで保育者が自分自身の身体をつかって踏切の役をしました（4）。「今度は何の電車がきたんですか？」と声をかけると、子どもたちは「はやぶさです！」などと、思い思いの電車の名前を言って、「じゃあ、行ってください」と踏切を上げ、くり返し楽しんでいました。

西　「遊び環境」は、「もの」ばかりでなく、ここでの踏切のように、保育者自身によっても構成されるんですね。生きた重みをもち、柔軟に動いていく環境です。

　また、子どもたちの楽しさと、保育者の笑顔が一つになっているのが印象的でした。保育のなかで子どもたちが本当に自分自身をいかして楽しむときには、大人もそのことをうれしく思うし、それが保育者のやりがいでもあります。

伊藤　この保育者はこの園の前園長ですから、どの子のこともよく知っているし、長い歳月にわたって子どもたちとともに歩んできた、そういう慈しみの思いが日常のふとしたかかわりのなかにも、にじみ出ているような気がしますね。

　橋を渡りきった子どもは、今度は後ろ向きになって、気をつけながら降りています。ちょっと段が高いので、どうやって降りるかな……と思いながら見ていたのですが、自分で考えて、工夫していましたね。この遊び一つのなかにも、本当にさまざまな身体の動きが生まれています。クラスのなかで日々こんな遊びを体験できるところから、子どもたちの発達も豊かにされていくのだと思います。

対話をふり返って

1 子どもたちが身体を大きくつかった遊びにチャレンジできる環境を用意しつつ、安全に配慮することが必要。保育者は子どもの動きをよく見て、状況に応じて環境を変化させていく。

2 保育環境は固定したものではなく、子どもの遊びの展開に応じて変化していく。そうした環境は、保育者が身をもって応答することによってつくられる。

⑰

🌀 ある日の粘土遊び

まとまった活動とその流れ

　みんなで粘土遊びをしているところです。

　2歳児クラスの子どもたちが、集団で一つのまとまった活動を楽しむとき、保育者はどんなふうに子どもたちとかかわり、援助しているでしょうか。一つの活動がはじまってから終わるまでを、スライドショーでまとめました。

DVD chapter 17

3分 20 秒

　2歳児クラスでは、粘土をつかった遊びがはじまっています。つくった作品を器に入れると、保育者が器にその子のマークを描いてくれました。完成した作品は、クラスの部屋を出たところに飾ってあります。子どもたちはお互いに、できあがった作品を見ていました。それぞれに自分が納得いくところまでつくり上げたあとは、手を洗ったり、片づけたりします。それから昼食までの間、自由に遊んだり、保育者と楽しい時間を過ごしたりしていました。

動画を見る視点

■1　粘土遊びの体験

　粘土遊びを通して、子どもたちがどんな体験をしているか、その過程に思いをはせてみましょう。

■2　活動の終わりをどうつくっていくか

　制作はまとまった活動ではありますが、つくっている過程は一人ひとり違っています。その終わりをどうつくるかは、保育者の個性や保育観によって、変わってきます。

1 粘土を丸めたり、ちぎったり

2 器にマークを書いています

3 一緒につくっています

4 みんなの作品です

イメージを生み出す過程

伊藤　2歳児クラスで、粘土をつかった遊びをしていました。小麦粉粘土をつかった遊びは普段からよくしているのですが、このときは油粘土をつかっていました。小麦粉粘土よりも少し重みがあってしっかりした油粘土の感触を味わいながら、いろいろなものをつくっています。丸めたり、ちぎったり、手で伸ばしたり、指先や手のひらを上手につかって遊ぶ体験も、このころの子どもたちの発達にとっては大事ですね。

西　幼い子の粘土遊びの場合、初めから「こういうものをつくろう」という完成形のイメージを明確にもって、そこに向かって構築していくとは限らないようです。粘土を手に取って、感触を楽しみながらいろいろなこね方を試しているうちに、「へび！」とか、「かめ！」とか、子どもたちは自分でも驚いたように叫ぶこともあります。どうしてそう見えるのかこちら

5 わたしもできたよ

6 みんなで鑑賞しています

7 手をきれいに洗って

8 一緒に遊ぼうね

にはすぐにわからないこともありますが、その子にとってはそう見えるんだということは、はっきりしているようで、聞いているといろいろ教えてくれます。素材にふれて楽しんでいるうちに、発見が生まれてくるんですね。保育のなかの創造の過程とはそういうものだということ、さらに言えば、人間を育てる保育・教育も同じことだと、津守眞は語っています（※）。

伊藤　この日は器を出してきて、おだんごや、ごちそうなど、子どもたちはさまざまに命名しながら、自分なりのイメージをつくり上げていきました。保育者はたえず、その子が何をつくっているのか、どんな指のつかい方をしているのかよく見て、一緒に楽しみながら、自分でもつくったり、できたものを一緒に見て喜びを共感したりしていました。

西　できあがった作品は、お皿に入れて飾っていましたね（④・⑤）。一人ひとり、自分がつくったものを飾ってもらって、それが友だちのものと一緒に集まっていることで、子どもたちも満足していたようです（⑥）。

伊藤　器には一つひとつ、その子のマークを保育者が描いてあげていました（②）。自分のマークを描いてもらうことで、「わたしの作品」「わたしのごちそう」ということを、より一層実感できるのだと思います。

西　子どもたちは、これが自分のだよと教えてくれることもあるし、マークを見て友だちの作品のことも、どの子がつくったものか教えてくれますね。自分はよくわかっているんだよと伝えたい気持ちもあると思うし、また友だちのことも一人ひとり大切に思っているんだなあとも思います。

2 満ち足りた体験を保障する

伊藤　活動の終わりも、一斉にではなく、一人ひとりのペースが尊重されていました。自分なりに楽しんで、できあがった、つくり終えたという子もいるし、まだ楽しみたい、納得がいくまでもうちょっとつくりたいという子もいます。保育者はそれぞれを大切にしたいと思って、こんなふうにしているんでしょうね。じっくり取り組みたい子が、安心してそうできるような雰囲気がつくられているし、また早くできあがった子には手洗いもしようねと声をかけたり、遊びのなかで一緒にかかわったりなど（⑧）、一人ひとりのペースに応じた配慮がなされていました。

西　集団で一緒に活動していても、楽しんでいるのは一人ひとりの心だから、そこには個性的なプロセスがあります。一人ひとりの心にとっての「遊びの終わり」は、外から一律に決められるわけではありません。これも一つの「移行」ですが（「11　砂場を駆ける列車」参照）、子どもが移行をどう体験しているかという視点をもつと、保育の流れもかえって自然になるのではないかと思います。

　この場面で保育者は、一斉に片づけさせるのではなく、どの子も「これで完成だ」と思えるものを大事に飾ってもらえるので、満ち足りた思いで終わることができました。また、「早く終わらなきゃ」と急かされることもなく、自分自身のペースで楽しむことができています。一人ひとりの子

どもたちの思いに寄り添いながら、一つの活動を展開し、心ゆくまで楽しんだところで収めていきました。

伊藤　粘土遊びの初めから終わりまでを考えてみると、準備物もたくさんあるし、一人ひとりの子どもたちにどう向き合うかも大事だし、配慮すべきことは数限りなくあります。活動自体は共通のものがあって、互いの制作に興味をもって触発し合い、楽しさがつながっているけれども、そのなかでもやはり、つくっている過程や、遊びの中身そのものは、一人ひとり個性的なものがあります。だから「15分やったから終わりにしよう」というようには言えなくて、一人ひとりがその遊びで満ち足りた体験ができるような環境が保障されていることが必要なのだと思います。

　子どもたちは自分でつくったものを、自分でもとても愛おしそうに見ています。それも、保育者がその作品を、その子の分身のように大事にして飾っているからこそ、子どもたちもうれしくなるのでしょう。そういう保育者と保育環境に支えられて、子どもたちも「遊びきる」という体験をし、次の生活へと移っていけるのだと思います。

※津守真『幼児の教育』から「土をこねる」より
　「土をこねるということは、教育を象徴するものといえる。土をこねるのは、部分品を組み立てる作業とは異なる。混沌としたものに、自分の手で動きをつくり、生命を与えていく仕事である。それは形式にはめる作業ではなく、こねている間に、思いがけない形を生み出す作業である。あらかじめ定められた形を組み合わせて作る意図的な作業ではなく、つくる者の想像力や直観に導びかれてなされる作業である〔中略〕。土という自然の恵みにふれて、子どもは自己の内面を形作ってゆく。土にふれるときの子どもは真剣であり、長い時間、そこに打ちこんで遊ぶ。」(津守, 1973, p.71)

対話をふり返って

1 子どもたちが素材の感触に親しみ、手指を自分で動かしていくなかで、自分らしいイメージや創造的な体験が生み出される。

2 集団での遊びのなかにも、一人ひとりの心の流れがある。どの作品も、どの子の体験も大切に受け止める保育者に支えられて、子どもたちは自分自身納得して歩んでいくことができる。

18
ｅ 園庭での遊び

2歳児クラスの年度末に

　2歳児クラスの年度末、よく晴れた一日です。子どもたちは園庭中を駆け回って遊んでいます。運動能力をはじめ、さまざまな力が育ってきているのを存分に発揮しているようです。

　ここでは園庭での総合遊具をつかった遊びと、砂場での遊びの場面を見てみましょう。

DVD chapter 18

場面1　総合遊具にて：総合遊具に渡されたロープに、みんなが上手に乗っています。保育者が、「おふとんがいっぱい干してある！」と軽くたたいていくと、子どもたちも大はしゃぎです。Aくん（3歳6か月）は、ロープの上に立ち上がることができました。とてもうれしそうです。

場面2　砂場で：砂場で型抜きの遊びをしています。Bくん（3歳7か月）はプリンカップで、Aくんは大きなお椀をつかっていました。ただ、大きなお椀だと、完全に丸い形がつくりにくいようです。そこで保育者が、お椀いっぱいにぎゅっと入れたらいいんじゃないかなと教えてくれます。Aくんは自分でも渾身の力で挑戦し、きれいな形をつくることができました。

■1　「乳児期」を超えて

　0・1・2歳児の「乳児保育」と呼ばれる時期が終わりに近づくころ、園庭での遊びにも子どもたちの成長が表れています。

■2　子どもの挑戦と保育者のかかわり

　砂場でAくんが懸命に挑戦しているとき、保育者はその過程をどうとらえ、どんなふうにかかわればよいでしょうか。

場面1

1 「おふとんがいっぱい干してある！」

Aくん
3歳6か月

2 ロープの上に登った！

場面2

Bくん
3歳7か月

3 砂場で型抜き

4 器が違えば、形も違ってきます

1 育ちを改めて実感するとき

伊藤　2歳児クラスの年度末、園庭で存分に身体を動かして遊んでいる子どもたちの姿には、これまでどれだけ大きな成長を遂げてきたかを改めて感じさせられます。

西　0・1・2歳児のいわゆる乳児クラスを超えて、3・4・5歳児の幼児クラスへと移行していく時期、人生で最初の卒業を経験するような成熟が表れるようです。2歳児クラスから3歳児クラスへの移行は、子どもたち自身も成長を実感できる時期でもあるし、また子どもに対する保育士の配置基準が6対1から20対1と格段に変わることもあって、園生活は連続しているけれども、子どもたちにとっては大きな節目となります。移行期を支えるためにはさまざまな配慮が必要ですが、0・1・2歳の「乳児保育」の時期に豊かで充実した生活を経験し、子どもたち自身成長してきている

5 うまくいかない

6 砂をいっぱいに詰めるといいよ

7 渾身の力で

8 きれいな丸ができました

ことが本当に大切だと思います（「11　砂場を駆ける列車」参照）。

伊藤　この動画では、総合遊具に渡されたロープのところで、保育者が子どもたちと「ももや」というわらべうた遊びをしています。ロープの上に乗るのも、バランスをとって立つのも難しいものですが、それをやりこなしているＡくんの姿には充実した喜びがあります（②）。その成長はＡくん一人だけのものではなく、仲間とも笑顔で分かち合われていました。こんなところにも、クラス全体としての育ちを感じることができます。

2　子どもの挑戦にどうかかわるか

西　砂場でＡくんとＢくんは型抜きをしていますが、器の形や大きさによって、つくれるものはもちろん、難しさも違ってきます。何となくたくさんつくれることで満足する、という場合もあるでしょうが、Ａくんはもっと完全な形をつくりたいと思ってがんばっているようです。

伊藤　そんなとき、保育者はどんなふうに援助するでしょうか。何も言わずに自分がして見せるのか、声をかけてやり方を知らせてあげるのか、言葉だけでなく一緒にするのか……。状況に応じていろんな考えがありますが、どうかかわるかは大事なところです。

西　この場面では、Aくんが自分で何度も試してみて、どうも納得がいかない、もっと何とかしたい……というところで、保育者が声をかけていましたね（⑤・⑥）。

伊藤　きれいな丸い形にするためには、砂をしっかり満杯にしていく必要があるわけですが、最初から「もっと入れた方がいいよ」と言わなくてよかったのだと思います。ちょうどその子が知りたいと思うときに、保育者が答えてくれたんでしょうね。Aくんはその時間のうちに何度もやってみて、こうやればいいんだとわかって、自分のものにしていきました。

　こんなことに気づいていくプロセスも、子どもによってさまざまです。自分で気づく子もいるし、一緒に考えて発見していく場合もありますが、何であれ、自分で発見し、実感したときが、その子にとっての気づきなのでしょう。こちらから教えてあげようとしても、その子の興味がいまそこに向いていない場合もあります。

西　最初から教えていても感動がなかったり、自分のものにできなかったりするかもしれませんね。かといって、壁にぶつかっているのに何も応えてくれないのも困ります。その子が自分自身で気づく瞬間、ものにする瞬間を、大切に育てていきたいものです。

伊藤　自分自身の興味が向かっていく先に、自分なりの気づきが生まれるなら、それがその子にとっての最良のときなのだと思います。

西　それにしてもAくんの姿の一つひとつを見ていると、力いっぱい取り組んでいる様子が伝わってきます。普段から、そんなふうに真剣に挑戦する姿を見てきました。でも、力みすぎているのではなく、自分が実現したいものに向かって集中しているしなやかさがあります。子どもは自分の

もつ力を最大限発揮して目の前のことに取り組むし、そんな子どもたちの思いが実現するように支えられればいいですね。最後に完全な丸い形ができましたが、「乳児保育」のなかで人間としてのあらゆる側面が育ってきた、そんな2歳児クラスの成熟を感じさせられます。

対話をふり返って

1　2歳児クラスの年度末、身体をいっぱいに動かして遊ぶ園庭には、子どもたちのこれまでの全人的な育ちがさまざまに実感される。

2　保育者は、子どもたちが興味をもって自ら取り組むプロセスにつき合い、その子が知りたいと思う瞬間をとらえてかかわりながら、子ども自身の気づきを尊重し、促していく。

❦ 第 Ⅲ 部 ❦

0・1・2歳児の
遊びと保育を
とらえる視点

　第Ⅲ部では、乳幼児期の遊びと保育をどうとらえるか、本書における動画観察や、これまで保育に携わってきた体験をもとに、話し合っています。

　子どもが心から楽しむ遊びのために、どんなふうに保育を見て、子どもたちとかかわり、保育者どうし連携していくのかなど、筆者なりの視点を言葉にしたものです。

　動画を見られた読者の方々にも、それぞれの考えが浮かんでくることと思います。クラス担任をされている方なら、自分がかかわっている子どもたちの具体的な場面とも自然と重なって、思いが深められることでしょう。

　保育の場面について語り合うことから、さまざまな新しい対話が広がっていくことを願っています。

1　子どもたちの遊びを支える環境

子どもたちから生まれる遊び

西　保育のなかでは、「子どもたちから生まれる遊び」が重要な意味を持っています。第Ⅰ・Ⅱ部の動画は、日常の何気ない場面のように見えるかもしれませんが、よく見ていると、どの子も自分から意志をもって何かをはじめたり、あるいは自分らしい楽しみ方を見いだしたりしながら、遊びのなかで何かをやり通しています。保育者が「させる」遊びとは違って、子どもたち自身が心から楽しむ瞬間が収められています。その姿は、楽しく、うれしいものであると同時に、とても真剣なものです。

伊藤　0・1・2歳児の子どもたちは、自分から何かを見て、さわって、いろんなことを試してみるものです。そうして心から楽しめる充実した時間を重ねていくことで、心も身体も成長・発達していくのですが、子どもたちはそんな遊びを自分からつくり出す力をもっていますね。

西　遊ぶこと、楽しむことは、その子の心が動くことによって可能になるわけですから、人間にとってもっとも人間らしい体験であり、主体的な行為だといえるでしょう。人生の出発点に、その子の自分らしさが尊重され、その子自身の主体性が養われていくことは、とても大切なことだと思います。

伊藤　言葉にすれば大きなことのようですが、実際の保育のなかでは、そんな遊びが何気ないきっかけから広がっていきます。保育者は「子どもたちから生まれる遊び」をよく見て、こまやかに気づいていく必要がありますね。津守眞は、「子どもがはじめた小さなことに目をとめて、それにこたえる保育者となるように」（津守, 1997, p.296）と語っていますが、本当に大事なことだと思っています。

西　その「小さなこと」につきあっていると、その子の思いや個性が伝わってきますね。子どもたちの飽くなき探求を見ていると、「このおもちゃには、こんな遊び方があったんだ」とか、「人と心通じ合う体験とは、こんなにも喜ばしいことだったんだ」とか、多くのことを教えられます。大人が当たり前のように思って見過ごしている大切なことに、気づかせてくれるようです。子どもたちが遊ぶそばにいるなかで、人間が育つ根本にあるものを、体験をともにしながら学んでいるような気がします。

伊藤　子どもたちが遊ぶとき、生きいきと楽しむときには、いつもひきつけられてしまいますね。

遊びを支える環境

西　「子どもたちから生まれる遊び」の大切さについてお話ししてきましたが、その遊びも何もないところからではなく、心ひかれる環境が用意されていたり、大人が生活や文化的体験をともにしたりして、日々触発されるなかで生まれてくるものです。環境や、大人のかかわりが、遊びを生み出す土壌となっています。

　遊びの楽しさは子どもたち自身が体験し、つくり出すものであり、また子どもたちはその力をもっていますが、それを支えているのが保育の環境であり、保育者との信頼関係です。

伊藤　子どもたちの遊びを楽しく、充実したものにしていく上では、保育者は環境をいろいろな観点から考えていく必要がありますね。

　身体面でいえば、0・1・2歳児は移動運動をはじめとして、飛躍的な発達を遂げていく大切な時期です。たとえば0歳児クラスの木製トンネルなら（**動画14　ばあっ！**）、つかまり立ちができはじめるころには、上面についている遊具を見つけて遊ぶし、しゃがんでいるときは側面にも遊具があって、もちろんなかをはって進むこともできます。こんな遊具を用意するのも、室内でも運動を取り入れた遊びを可能にし、移動運動の発達を

木製トンネル（動画14　ばあっ！）

保障していくための工夫の一つですね。

　上の写真は0歳児クラスのものですが、ものにふれたり、確かめたり、動かしたりするのを楽しむ時期から、やがて1・2歳児になると、イメージをふくらませた「ふり遊び」が盛んになっていきます。たとえば絵本を読んでいても、食べものの絵が出てきたら自分が食べてみたり、保育者にも食べさせてあげようとしたり、そこから自然と遊びが広がっていきます。こんなふうに満ち足りた気持ちや、互いのやさしさに包まれる調和を体験するなかで、情緒の安定も促され、子どもの心も豊かに発達していきます。遊具などの物的環境だけでなく、絵本やわらべうたなど、文化的な環境も大切ですね。

西　乳幼児期の保育は、特定の能力を引き伸ばすだけでなく、人間が生きていく基礎にかかわるものだということがいわれています。保育環境も、身体的、精神的、文化的といった全人的な視野からとらえることができますね。

　絵本はただ置かれているだけでなく、保育者や子どもが読むことでいかされるものです。どんな本が用意されているかだけでなく、どんなふうに読まれ、楽しまれ、生活のなかに溶け込んでいるかといった、人間的な側

面が、文化的な環境にとっては大きな意味をもちます。

　子どもたちと絵本を読んでいると、何度も同じ本を読んでほしいと頼まれることもあります。何度くり返しても、そのたびごとに楽しみ方が違ったり、変わっていったりすることがありますね。自分では見逃していたモチーフに気づかされたり、「この絵本の楽しさはこういうところにあるのか」と教えられたりします。

　絵本であれ、遊具であれ、そんなふうに新しい楽しさや意味を見いだすのは、子どもの能動性の表れです。環境を提供するのは保育者ですが、子どもはそれをただ受動的に与えられるだけでなく、そこから能動的に新しい意味を発見していきます。環境を「一方的に与える」のではなく、子どもたちとの対話のなかで、ともに環境を豊かにしていければと思います。

環境は保育観を映しだすもの

伊藤　子どもたちが自ら主体的に遊ぶことができるように、保育者は環境を整えていきたいですね。ふさわしい環境があれば、保育者が「さあ、遊びましょう」などと言わなくても、子どもたちは自分から遊びはじめるものです。

　子どもたちの思いに応える環境をつくるためには、その時期、その子が楽しいと思えるようなものがさまざまに用意されていることが必要ですね。また、遊びを豊かに展開し、どの子にも満ち足りたつかい方ができるだけの量が準備され、そこに多様さがあることも大事ですね。ものの取り合いなども起こってくる時期ではありますが、環境が不十分なためにそうなっているのなら、子どもたちの発達的要因というよりも、保育環境の方を考え直していく必要があるでしょう。

　また、子どもたちの自由がいかされる環境になっているのかどうかも重要だと思います。子どもが遊具に自分からふれたり、つかったりできる環境なのか、そうでないのかによって、遊びの展開や保育の体験はずいぶん

違うものになってきます。普段から子どもの手の届く高さに、多様な遊具が子どもを誘いかけるように置かれている保育室では、子どもも自分なりの遊びをはじめやすいでしょう。一方、部屋にはあまりものが置かれていなくて、保育者が「今日はこれで遊ぼうね」と特定の遊具や絵本を出してくる場合もありますが、乳児期の子どもたちはそれだけでずっと集中して遊べるとは限りません。

西　環境は、目に見える物理的なものでもありますが、保育者がどれだけ子どもの自由を尊重しているかという保育観を映し出すものでもあるんでしょうね。子どもが自由に活動できる幅を示すものでもあるし、いわば保育者の心の枠というか、子どもたちの自由をどんなふうに受け入れるかという器のあり方にかかわっているのでしょう。片づけやすい環境づくりや、片づけをどう進めるかなども、園やクラスによっていろいろな個性があって興味深いですが、その個性のなかに、この保育者は保育や遊びをこうとらえているんだな、という保育観が反映されているように思っています。

　環境は、保育者のあり方を反映するものでもあるし、またそんな保育者の心のありようも、子どもたちはよく感じ取っているものです。いろいろな園を見せていただくことがありますが、同じ園で基本的な保育観を共有していても、クラスによって子どもたちの遊びはずいぶん違っています。保育者がどんな個性や考え方をもって環境をつくっていくかによって、遊びの展開も相当に影響を受けるし、変わってくるでしょう。

伊藤　どんな環境がよいのかは、これが絶対だとか、こうすれば大丈夫だとは、簡単には言えないところがあります。保育者が発達をよく考えて遊具を用意していても、子どもたちがすぐには興味をもって遊ばない場合もあるし、保育者の想定とは違った新しい遊び方が展開することもあるでしょう。あるいは、誰か一人の子が楽しんでつかいはじめたのをきっかけに、その遊具での遊びがみんなに広がっていくこともあります。子どもたちはどんなに幼くても、友だちどうし親しみ合ったり、ぶつかり合ったり

もしながら遊びますよね。遊び環境も、子どもたちや保育者がかかわり合うなかで、そのクラスの個性に応じて発展していくものだし、決まったやり方にしてしまうよりは、クラスの子どもたちに合うように考え続けていくものではないかと思います。

子どもをよく見ることから

伊藤　環境を用意する上では、子どもたちがどう遊んでいるのか、よく見ていることが必要ですね。子どもたちにはそれぞれの思いがあるわけですから、「発達に合った遊び」を一律に決めるわけにはいかない。もちろん、保育者はクラスの全体的な発達状況をふまえて環境を用意するのですが、それだけでなく、環境をつかって子どもたちがどう遊んでいるのかをよく見ていく。「長めのチェーンリングを用意したら、両手で持って遊べるようになっていたな」とか、何をどう楽しんでいるかをよく見て、その楽しさに共感することが大事だと思います。そうすると、「じゃあ、次はこういうものを用意しよう」という思いが保育者のなかにも生まれてくる。そんなふうに、その子たちの思いに沿って新しい環境を用意していくためには、保育者の側にも創造性が求められますね。

　保育者は事前に準備するだけでなく、保育の最中でも環境を整えていきますが、その際にも子どもたちをよく見ていることが必要ですね。一人ひとりの子どものことも、みんなのことも大切にして、楽しい雰囲気を大事にしながら、次にはこんなものを出してみようかと考える。また、ただ次々と遊具を出していくだけでなく、もう子どもたちの気持ちが離れてつかわなくなった遊具はさりげなく片づけてみるなど、その場での環境構成を自然な流れのなかでしていくのが、遊びにかかわる保育者の仕事ではないかと思います。

西　0・1・2歳児の場合はとくに、同じクラスのなかでも発達に相当な幅や違いがあります。保育者は、そんな多様な個性をもった子どもたちとと

もに生活するなかで、環境をいかし、子どもたちとかかわり、遊びの楽しさをつないでいきます。保育者の専門性は、子どもを観察して個々の発達を診断的に理解するというよりも、子どもたちとともに新しい「発達の体験」を創造していくところにあると言えるでしょう。

環境をどう変えていくか

伊藤　子どもたちにとって豊かな環境を整えていくことは保育の基本です。といっても、最初から何もかもがそろえられたあとでないと子どもは遊んだり育ったりしないというわけではありません。

　たとえば砂場があって、スコップといくらかおもちゃがあれば、それだけで子どもはどこまでも遊び込むかもしれません（**動画11　砂場を駆ける列車**）。

　保育者は思いを込めて環境を用意しますよね。その自分が用意した環境をつかって、子どもたちが本当に生きいきと遊ぶとき、その姿を見て、改めて「子どもってこんなふうに遊ぶんだな」と学ばされる気がします。

西　保育者が構成した環境に、子どもが応答してくれているわけですね。「応答的なかかわり」の大事さが言われていますが、子どもほど応答な

スコップとおもちゃで（動画11　砂場を駆ける列車）

存在もないのではないかと思います。環境が用意されているだけでは、そ
れは「もの」でしかないわけですが、子どもはそこで遊ぶことを通して、
環境を生命あるものにしてくれます。

伊藤　遊びって、その子らしさがすごく込められたものだと思います。あ
らかじめ決められた遊び方に沿って何かをしているというのではなく、そ
の子自身の思いが入っているからこそ楽しいわけだし、心がひきつけられ
ます。一心に遊んでいる子どもの姿を見ると、一体いつから遊んでいたん
だろうか、どんな思いで遊び込んでいるんだろうかと思わされます。

　遊具のなかには、既製品もあれば、保育者の手づくりのものもあります。
どちらが絶対よいとか悪いとかいうことではなく、それぞれに工夫しなが
らいかしていけばよいのだと思います。手づくりの遊具は、子どもたちに
とっても心地よいものであったりもしますね。そういうものは、保育者どう
し連携をとりながら、少しずつ増やしていくといいでしょう。子どもた
ちの姿から出発して、できるところから変えていく、その積み重ねがより
よい環境につながっていきます。

西　新しくてきれいな遊具も目をひきますが、適宜つかい込まれた遊具も
味のあるものです。何気なくつかわれている柔らかなお手玉を見ているう
ちに、このお手玉もちょうど気のおけない友人のように、今は大きくなっ
たあの子にも、この子にも、自由自在に扱われながら、子どもたちを楽し
ませてきてくれたんだな……と思うことがあります。保育者たちが思いを
込めてつくってきたものが積み重なって、子どもたちがそれを楽しみにつ
かってきた歴史が、クラスの雰囲気をつくっています。

伊藤　衛生面は気をつけないといけないですけどね。

西　もちろん、日々のメンテナンスもされているし、古びたままにしてお
くのではなく、少しずつ入れ替えたり、新調したり、時期を見て見直され
ていますね。

　そういう意味では、保育環境はつねに動き続け、変わり続けているもの

でもありますね。四季の自然が移り変わるように、子どもたちの成長に合わせて変えられていきます。

伊藤　「応答的なかかわり」はもちろんですが、環境も応答的であることが必要でしょうね。環境は一度つくったら動かさないということではなくて、子どもたちの状況に応じて考え、柔軟に変えていくことで、保育に新しい展開が生まれてきます。同じ遊具でも、子どもたちが新たな遊び方を編み出してくれることもありますから、全部すぐに入れ替えるようなことはありませんが、子どもたちの姿をよく見て、それに応じて変えていくことが必要でしょう。

　応答ということでいえば、環境を子どもに提供するというだけでなく、それをつかって子どもたちにやって見せるなど、保育者もいろいろな形で環境を活用しています。保育環境は、保育者のかかわりによってもいかされるものでもありますね。

2　保育を見るということ

「保育を見る目」——動画をどう撮るか、どう見るか

西　保育の環境も、保育者のかかわりも、子どもの姿をよくとらえることからはじまるのだということを話し合ってきました。「保育を見る目」を自分のなかにもつことが、保育者にとっては必要なことだと思います。

　保育の動画からは、「保育を見る目」についても考えさせられますね。どんな場面を、どんなふうに撮るのかは、動画を撮る人のその瞬間の判断によって変わってきます。動画は保育の実際を描いているわけですが、そこには同時に、撮る人の「保育を見る目」も示されています。

　本書の動画はすべて伊藤先生が撮られたものです。先生はいつもカメラを携えて保育観察をされていますが、どんなことを思って動画を撮られて

いますか？

伊藤　何かを考えてというよりは、そのとき、その瞬間に心ひきつけられる場面を撮っているんだと思います。子どもの姿に見とれながら、思わず撮っているというのが率直なところです。観察のためにここも残しておいた方がいいかな、などと考えることもありますが、基本的には子どもへの思いがあって撮っています。

　子どもたちとかかわりながら保育室にいると、目の前の子どもたちもそうですが、いろんな場所で遊んでいる様子が目に留まります。子どもが一心に遊ぶ姿は、そばにいるときももちろんですが、ちょっと遠くにいる子でも、その子に思いがあって遊んでいるのが伝わってくる気がして、それを撮っていることもあります。

西　園を訪れるとき、私は子どもに誘われるままに遊び込んでしまうことが多いですが、先生はだいたいどのクラスも、子どもたちと遊んだり、かかわったりしながら、園庭も含めて全体を見ています。そのことは、観察の一日を終えたあと、先生が撮ってきた写真や動画を眺めているとよくわかりますね。

伊藤　私は主任保育士をしていた時代が長かったので、いつも、一人ひとりのことも、全体も見ていたいと思って保育に入っていました。それで、そういう保育の見方が身についてしまっている気がします。

　みんなで遊んでいるときも、子どもたちは個性的な楽しみ方をしていますね。鉄棒のところで、誰かが「見て！」と前回りをはじめれば、すぐに子どもたちが集まってきて、一斉に回ったりぶらさがったり、いろんなポーズを見せてくれます。同じ遊具をつかっているのに、どの子も違うやり方があるようです。鉄棒は運動遊びでもありますが、身体をいっぱいにつかった表現遊びだとも言えます。全体を見るといっても、そこにもやはり、一人ひとり違う個性があります。

西　どの子も自由に自分を出せる場だからこそ、一つの遊具からも多様な

一心に遊ぶ姿（動画7　重ね着）

個性が発揮されるんでしょうね。

伊藤　それから、子ども自身がはじめた遊びには、本当に目をひかれます。どの場面もそうですが、出会えてよかったなと思うのが、たとえば「**重ね着**」（動画7）の遊びです。

　「こんな場面を撮ろう」と思って構えていたわけではなくて、部屋に入った瞬間、ちょうどこの子の姿が目に入ったんですね。こんなにも一心に重ね着をしていることに心をひかれて、「どうやってあんなに着たり脱いだりしてるんだろう」と思っているうちに、「あ、上から脱ぐんだな」とわかってきたりして……。そうやって見ているうちに、その子の世界や、その美しさに引き込まれていったという感じです。

西　1歳児クラスの年度末ですが、遊び込んでいるなかに、一人の子どもの内的な世界があることを感じさせられますね。

　動画の場合、撮りはじめたときには、そこから子どもたちがどんなふうに遊ぶのかは、まだわかっていない状態ですよね。

伊藤　そうですね。どう展開するかわからないままに撮ってもいますが、ただ撮っているうちに、いろんなことが起こってきます。

　はっきり意識していたわけではありませんでしたが、2歳児のクラスで

目に留まった場面を撮っているうちに、ふり返ってみると子どもたちだけで一つの遊びを 30 分ほども展開し続けているのに気づかされたこともありました（**動画 10　とってもいいかんがえ！**）。

　本当に素晴らしい遊びの瞬間に出会ったときでも、「いまから撮るからもういっぺんやってみて」と頼んでみたところで、同じ遊び方はくり返してはくれないものです。そういう場面は動画ではなく、自分の心にだけ残っていくことになります。保育のなかでは本当にたくさんのことが起こっているので、すべてを記録することはできませんが、そんななかでも残された動画は、その日の保育について考えを深める手がかりになります。

西　保育者はいつでも進行中の過程のなかに身を置いています。次に何が展開するかは、本当にはわからない。また、わかりきってしまうようでも困るわけです。それでは保育から生命性や創造性、本当の楽しさが失われてしまいます。

　これから先の展開はまだわからないなかで、一体どんなものが生まれてくるだろうかと、期待をもって心を寄せる――動画を撮るのも、子どもたちの成長を見守るのも、保育者の姿勢として共通するものがありますね。

つながる遊び（**動画 10　とってもいいかんがえ！**）

「ひきつけられて」

西　保育のなかでどんなところに目を向けていくかということですが、先ほどから言われているように、観察者・保育者の心が「ひきつけられて」見るということが出発点になります。倉橋惣三もそう語っていますね（本書 p.108 参照）。

伊藤　倉橋惣三は、本当に子どものことを一心に思っていた方なんだと思います。現場にいるときも、倉橋の著作を折りにふれては読み返し、保育って本当にそうだなあと思っていました。倉橋の、子どもたちへの思いの深さにふれることで、保育者として支えられていたと思います。

西　倉橋の思想を受け継いだ津守眞も、保育のなかの本当に大切なことを見てとるためには、観察者自身の心が動いていることが必要だと言っています。

　保育そのものは、生きて動いているので、かたわらにいる研究者の心も、生きた感動をもってその保育にふれるときに、そこで起こっていることの内実にふれることができる。そうでないときには、外側の行動が目に映っていても、そこで起こっていることの重要な部分には、ふれていないであろう。
　そこで、観察するときには、観察者の心がひきつけられるものに出会うまで、その場面に身をおいて、待つことが必要な場合がしばしばある。（津守, 1974, pp.5-6）

「観察や研修の着目ポイント」といった観点もあるでしょうし、本書でもいくつか挙げてはいますが、その出発点には、自分自身の心をいかして保育をとらえていくということがあります。

伊藤　津守眞にはこんな言葉もありますね。「子どもの世界は、それに価値をおかない眼にはかくされている」（津守, 1989, p.75）。心を開いて見ようとしない人には、子どもたちも自分の世界を見せてくれないということ

でもあるでしょう。でも、子どもたちが生み出す遊びの楽しさは、本当に素晴らしいものだと思うし、日々子どもたちとかかわっている保育者こそ、心を開いてその素晴らしさを実感できるのではないでしょうか。

　保育の動画をもとに学生と話し合っていても、みんなそれぞれの視点から感じとったことを言ってくれます。現場で保育している保育者なら、それ以上にいろんなことを思われるでしょうね。研修などで現職の保育者と動画を見ることもありますが、やっぱりいつも子どもたちのことを思っているからこその話し合いになるんだと思います。そんなふうに、本書の動画を見た方が、どんな視点をもって、どんなことを感じとったか、私たちも知りたいし、どこかで聞かせていただけたらと思います。

3　保育者のかかわり

保育者が生み出す雰囲気

西　保育を観察し理解することももちろんですが、保育者がどうかかわるかも大事ですね。保育者の応答のなかには、その人らしさが表れるし、その人の個性がいかされます。

伊藤　その人がいるだけで、保育室に安定した和やかさや、一人ひとりが充実していかされているような雰囲気が生まれる——そんな保育者を見ているとうれしくなりますね。「ひきつけられて」保育を見ていると言いましたが、子どもの遊びだけでなく、保育者の心あるかかわりにも、やはり心ひかれる思いがします。

　そんなおだやかでやさしい雰囲気を、たとえば**動画 12**（「一人とも、みんなとも」）から感じていただけると思います。積み木に興味を向けている子がいれば、ちょっと積んで遊ぶのをさりげなく見せていたり、両手で積み木をカチカチ打ち合わせられた子がいたら、そうできた喜びを笑顔で

こまやかにかかわる（動画 12　一人とも、みんなとも）

受け止めていたり、どの子にも目を向けて、いつでも温かく受け止めています。

　わらべうたも、歌や遊びの楽しさももちろんですが、子どもたちととともに過ごす空間を包み込む雰囲気を生み出してくれます。一人の子どもとわらべうた遊びをしているだけではなく、ほかの子どもたちも集まって、それぞれの楽しみ方でかかわっています（**動画 4　わらべうたの空間**）。

西　一人の子どもに温かく応答するということは、その子一人のためだけでもなくて、ほかの子どもたちのなかにも温かな思いが広がっていくことでもあるんですね。自分もやってみたい、かかわりたいという希望がまわりの子たちのなかに生まれてくるから、その保育者のまわりでいろんな遊びが発展していきます。

伊藤　保育者がもつ雰囲気というのは、具体的な場面での行動ももちろんですが、何気ない場面でのその人のたたずまいや、笑顔からも伝わってくるものです。それがクラス全体の雰囲気にもつながっています。

西　そんなところにも、子どもにどんなふうに出会うのか、その人の基本的な保育観が表れるんでしょうね。

伊藤　子どもたちへの「言葉がけ」についても、言葉そのものや内容もも

温かな雰囲気が広がる（動画4　わらべうたの空間）

ちろんですが、どんな思いをもって言葉をかけているのかも大事ですね。その子の思いを受け入れながら、できるだけ肯定的な言葉にしたいし、ただ一方的に言葉をかけるのではなくて、その子との会話として成り立つようにしたいですね。どんなに幼い子にも、その子の気持ちを大切にして、その子とのやりとりができるようにしたいと思います。

　言葉によって子どもを動かすというのとは違います。生活のことを一緒にしていくときなど、ちょっと離れたところで「〜してくれたらうれしいね」と言うこともありますが、子どもたちはすぐにその通りにするとは限りません。ただ、そんな言葉を子どもたちは聞いているし、自分で考えて、しばらくしてからそうすることもあります。

西　保育者の言葉は、その場を仕切ったり動かしたりするものとは違っているし、子どもたちも自分なりに受け止めて、主体的に考えているわけですね。その子自身が考えるプロセスに、保育者も一緒にかかわっていく——「言葉がけ」はそのためのものではないかと思います。

　子どもたちと会話するとき、子どもからの応答はすぐに言葉で返されるとは限りませんが、その子自身は何かしら考えているので、そこを信頼することが必要なんでしょうね。

伊藤　現場で保育をしていたころ、私たちはよく、お茶の水女子大学附属幼稚園の公開保育の機会に見学して、保育者のかかわりを学んでいました。当時保育者をされていた豊田一秀先生は、クラスにどれだけ子どもたちがいても、一人ひとり大切にかかわっていて、子どもたちも本当に先生を信頼しているのが感じられました。

西　豊田先生はその後、玉川大学で教鞭をとられましたが、私たちも保育についてさまざまに教わることができました。保育者が自分自身の保育をつくっていく過程で、本当にいい保育をされている保育者に出会って、その保育の実際を自分の目で見ることができれば、それは本当に幸せなことだと思います。

遊びの過程にかかわる

西　もう少し具体的に考えてみると、たとえば遊びの展開に保育者がどうかかわるかも大事な問題ですね。

伊藤　第Ⅱ部の動画からは、そんなかかわりを具体的に見ることができます。「遊びの展開に合わせて、保育環境を変化させる」という配慮はよく言われていることでもありますが、ではそれを具体的にどう実践するのかということが課題で、それを動画から読み取っていただけたらと思います。

　　動画16（「室内での運動遊び」）は、2歳児クラスでの遊びの様子です。複合遊具を少し組み替えて、すべり台だったところを水平の橋にすると、子どもたちは橋の上を渡ったり、橋の下をくぐったり、新しい遊びがはじまります。橋の上が混み合ってきたところに、保育者が「踏切ですよ」とひとことかけるだけで、子どもたちは自分たちが電車になったような気持ちになって、そこから遊びのイメージが広がります。そのときどきに、こうしたら子どもたちが楽しめるだろうなと思えるようなことを提案したり、子どもたちにとって必要な交通整理をしたり、イメージを広げたり、言葉をかけたり、さまざまなやり方で今の状況に応答していますね。そん

「踏切ですよ」（動画 16　室内での運動遊び）

なふうに保育者がこまやかにかかわり、見守るなかで、気がついてみると
運動を取り入れた遊びがかなりの時間、展開していたというわけです。最
初から「電車ごっこ」をしようと保育者が計画していたわけではありませ
んが、子どもたちの動きに応えていくなかで、充実した時間が生まれまし
た。こんなふうに、子どもたちが何を楽しんでいるかをとらえて、それに
応じて遊びを展開させていくのが、保育者の力量だと言えるでしょう。

「トラブル」をどう見るか

西　遊びのなかでは、ものの取り合いや小競り合いのような「トラブル」
が起きることもありますね。

伊藤　保育者はまず、子どもの安全についてはいつでも考えていると思い
ます。無用な危険や、けがなどが起こらないよう、細心の注意が必要です。
先ほどの例（動画 16）でいえば、複合遊具の組み立て方や、室内での空間
のつかい方など、安全なものになっているか、十分配慮しなければいけま
せん。

　そういった環境面での安全に配慮した上で、遊びが発展することによっ
て起きてくるトラブルもあります。子どもどうしの間で起きてくるトラブ

ルについては、保育者がどんなふうに対応するかが大事ですね。誰かにぶつかったり当たったりした子がいたら、「そんなふうにしたら〇〇ちゃんが痛いからね」とわかるように伝えたり、相手の子のことを受け止めたり、どちらの側の子も置き去りにすることなくかかわっていくことになります。言葉のかけ方一つでも、険悪な雰囲気がずいぶん変わってくるものですが、難しいことでもありますね。年齢が幼いほど、「ダメでしょ」と教え込めばわかるというわけではないし、むしろそうしたトラブルが起こらないように、保育者が気をつけておくことの方が多くなると思います。

西　トラブルは突然起きるとも限らなくて、子どもたちの間に一つの流れがあって生まれてくることもあります。どの子も充実して遊べているときは、それほど大きなトラブルは起こりにくいし、子どもたちの力や保育者の助けも借りて、乗り越えていけるものだと思います。ただ、子どもたちのなかにさびしさや満たされなさがあったり、自分の可能性を発揮したくても物理的・精神的制限が加えられているようなときには、ちょっとしたことをきっかけにトラブルが起きてくることもあります。「トラブルが起きた瞬間にどうするか」だけでなく、普段の保育のなかで、どの子も充実して生活できるようにかかわっていくことが、結局は無用なトラブルを防ぐのではないかと思います。

　「トラブルから学ぶこともある」といった考え方もあるかもしれません。真摯なぶつかり合い、話し合いといったものは大事だし、子どもたちはそうする力をもっています。子どもたちどうしだけでなく、子どもは保育者に対しても、人間として向き合うことを求めています。さまざまなできごとに、子どもも保育者もともに向き合い、対話することは必要なことです。ただそれは、保育環境が整わないために起こってくる「トラブル」とは、ちょっと違うものでしょう。

伊藤　いずれにしても、保育者がどうかかわるかはとても大事ですね。本書の動画には、いわゆる「トラブル」場面を収めているわけではありませ

積み木を投げる（動画 12　一人とも、みんなとも）

んが、少しつながるかもしれない場面をふり返ってみましょう。

　動画 12（「一人とも、みんなとも」）は、6 人の 0 歳児が保育者のまわり
で遊んでいる場面ですが、そのなかで一人の子が積み木を投げてしまうと
ころがあります。誰かにぶつけようなどとは思っていなくて、積み木をい
ろいろ試して遊ぶなかで、投げてしまったんです。ただ、ほかの子に当たっ
たりすれば少し危ないですよね。

　それに気づいた保育者は、「それはあぶないよ」と子どもに伝えます。
でも、この保育者は決して大声で注意するようなことはしません。投げる
と危ないということは言葉でも、表情でも伝えています。でも、それをと
てもおだやかに伝えているのがわかります。保育者が真剣に伝えたい思い
を、子どもはよく感じ取っているのだと思います。

西　その子もきっと、保育者の思いを感じたんでしょうね。ちょっと間を
置いて、保育者の膝に甘えたり、気を取り直して立ち上がったり、0 歳児
なりにいろいろ考えているんだろうと思います。「注意したからわかるはず
だ」ということではなくて、子ども自身が考え、立ち上がっていく過程が
あるわけですから、その時間を支えるのも保育者の役割なのだと思います。

伊藤　どんなことも、子どもとのやりとりや会話のなかで考えていくこと

が必要なんでしょうね。子どもたちが大きくなってくると、言葉でも伝えながら、みんなで話し合い、考えていくこともできるようになってきます。私が保育者だったころも、誰かを傷つけるようなことがあったときは、「誰もがみんな大事なお友だちだから、そういうことはしてほしくないと思う」と伝えたりもしていました。子どもたちも、この保育者はこう考えているんだということは、よく知っていてくれたのではないかと思います。

　あとは、子どもが明らかに危険なことをしているときでしょうね。たとえば小さい子が三輪車の上に登って桜の花びらを取ろうとしはじめたら、「それはあぶないよ」と言ってすぐにそばに行く。差し迫った危険が見えているなら、その瞬間に、止めたり守ったりしないといけない。

　子どもと一緒に考えたり話し合ったりすること、明らかな危険を防ぐこと、そうしていれば、あとは子どもどうしが互いを尊重するクラスをつくってくれるのではないかと思います。

西　子どもたち自身の力を信頼することが必要なんでしょうね。

伊藤　これまでの観察をふり返ってみると、トラブルの場面はそれほど撮っていなかったように思います。私はそんなとき、ただ観察しているだけがいいとは思えないので、ちょっとしたかかわりでトラブルが防げるようなときはそうしています。

　先ほど西先生も言われたように、トラブルは、子どもが自分らしく遊べない環境のなかで生まれてくることもあります。トラブルへの対応も大事ですが、それ以前にどれだけ充実した遊びができているかによっても変わってくることですから、やはり保育を根本から考えていかなければいけないと思います。

自由保育でも、設定保育でも

西　保育環境のつくり方によっても、子どもたちがどれだけ自分らしく遊べるかは変わってきますね。保育のなかでは古くから、自由保育か、設定

保育かといったことが議論されてきました。0・1・2歳児の場合は一斉に何かを「させる」ことには無理がありますから、まずは子どもが自分らしく、自由感をもって遊べる環境を保障することが必要でしょう。そのなかで、設定保育のまとまった活動をどう位置づけていけばよいでしょうか。

伊藤 子どもたちから生まれる遊びも、まとまってする活動も、どちらも大事だと思います。ただ年齢が幼いほど、全員が一斉にというのは難しいでしょう。発達の違いもあり、一人ひとりの興味もさまざまだし、一つのことにあまり長時間集中するというわけでもないので、子どもたちがそれぞれに遊びを選べるようにしている園が多いと思います。子どもたちが自由に遊ぶのを基本としながら、そのなかで少しずつ、みんなで一緒に何かをやってみる時間が増えていく、というところではないでしょうか。

西 どんな保育方法をとるにせよ、子どもたちの状況や、いまのありのままの姿をよく見て、それに即して考えるところから出発することになりますね。

伊藤 鯨岡峻らの保育論でもよく指摘されているように、自由保育であれ、設定保育であれ、そのなかで子どもたちがどれだけ自由感をもって遊ぶことができているかが大事ですね（鯨岡・鯨岡, 2004）。「自由遊び」の時間ということになっていても、子ども自身は自分らしく遊べていないこともあります。一方で、「まとまった活動」のなかでも、子どもたちのやっていることや楽しみ方がすべて一緒かと言えば、そうではないですよね。粘土遊びをしていても、一人ひとりつくっているものは違っています（**動画 17 ある日の粘土遊び**）。その子のなりの個性や思いがあって、それぞれの心で楽しんでいるわけです。絵本をみんなで一緒に読んでいるときも、子どもたちはそれぞれに感じたことを伝えてくれますから、保育者は柔軟に一人ひとりの子どもに応えていきます。

西 決められた遊び方に沿ってとか、決められた範囲でというのではなく、子どもたち一人ひとりが自由感をもって、心から楽しめるような活動であ

それぞれの作品（動画17　ある日の粘土遊び）

れば、設定保育も自由保育も共通のものになってきますね。

伊藤　子どもたちは設定保育で体験したことを、自由遊びのなかにも取り入れ、いかしていきます。保育者も、子どもたちが自由遊びのなかで楽しんでいる様子を見て、それに触発されて設定保育を考えていきます。保育者が事前に設定保育の指導案を立てていても、そのとき子どもたちから生まれてきたものを取り入れて、一緒に楽しみながら展開していく場合もあります。子どもたちから生まれる遊び、保育者が提案するまとまった活動、そのどちらの方向にも遊びがつながって、発展していくのがよいのではないでしょうか。

西　保育の環境や雰囲気によっては、自由遊びのような形をとっていても、子どもにとっての自由感はあまりない場合もあります。先ほども保育者の「心の枠」についてふれましたが（本書 p.140 参照）、たとえば「望ましい遊び方」を保育者が決めてしまっていれば、子どもたちの自由感は制限されてしまうでしょう。

伊藤　たとえば部屋のなかに３つコーナーがあって、そのどれかで遊びましょうということだと、それだけで選択肢は限られてきますね。あるいは「平均台を渡ってみようね」ということで、部屋のなかにはそれ一つだ

けしか出ていないという状況なら、子どもたちはその遊びしかできなくなるし、興味もあまり長時間は続かないでしょう。

　実際には平均台一つでも、子どもたちはいろいろな体験をしているはずです。1歳児ならまっすぐ歩いて渡れるとは限らないので、片足だけ乗せたのか、保育者に手を引いてもらって渡ったのか、楽しみ方やチャレンジの仕方は一人ひとり違っているでしょう。一人ひとり何をどのように楽しんでいるか、あるいはもっと違うことがしたくなっているのか、こまやかに見ていれば、保育者もそれに応じたかかわりができるし、もっと違った環境や遊びを考えていけるはずです。そこをよく見ていないと、保育をふり返ってみても「今日は平均台を楽しんだ」という感想しか出てこなくなって、どの子がどんな思いをしていたのか、具体的な手がかりが見いだせなくなってしまいます。

西　一人ひとりをよく見る目をもっていないと、保育をふり返り、変えていくことも難しくなってしまいますね。

伊藤　子どもたちには一人ひとり、それぞれの思いがあるわけですから、その子がどんなことを楽しむのか、見いだせる保育者でありたいですね。子どもがしようとしていること、楽しんでいることに目を留めて、「こんなことができるんだね」という共感をもって接する保育者がそばにいてくれれば、子どもは自分の可能性をどんどん発揮してくれます。

西　一人ひとりが自由感をもって遊ぶことの大切さについてお話ししてきましたが、保育のなかでは別々の遊びが展開するわけではなくて、子どもたちどうしその楽しさがつながっていくことが多いですね。

伊藤　動画で取りあげた園では、子どもたちが自由に動いて遊んでいるのが印象的です。部屋のそれぞれの場所に用意されているものもありますが、子どもたちはその場所だけでなく、いろんなものを活用しながら、自分たちの思う場所で遊びを展開しています。**動画10**（「**とってもいいかんがえ！**」）でも、二人の遊びがいろいろな場所で展開されていました。

一緒にお出かけ（動画10　とってもいいかんがえ！）

　子どもたちが自由感をもって遊ぶというのは、その子一人だけの活動とか、バラバラなものではなくて、保育のなかではその楽しさは、必ず子どもたちの間でつながっていくものだと思います。自由な遊びが、自然と子どもたちの間でつながって、やがてはクラス全体に広がったり、それを楽しんだあとはまたそれぞれの遊びになっていったり……。そんなふうに自由遊びも、みんなでする活動も、一日の流れのなかで自然とつながっていくのが理想的だと思います。

　自由感をもって生きいきと遊んでいるときって、子どもたちは本当にいろんな側面で成長しているのだと思います。本当に心から楽しんで遊んでいるときには、子どもは世界に関心をもっていろんなものを見て、感じて、知ろうとしているし、ともに楽しむなかで子どもたちどうしの関係も深まっていきます。そこに保育者もかかわって、遊びが発展していく。

　ねらいをもって行う活動は、年齢に応じたものも、園での行事も、地域とのかかわりや、もちろん子どもたちから生まれる遊びを発展させたものも含めて、さまざまな視点をもって計画されるものです。そうやって保育者が環境を準備し、提供したものが、伸びつつある子どもたちの関心に沿っていれば、子どもたちもその遊びを自ら広げていってくれます。そんなふ

うに子どもたちが抱く興味に応える形で、保育者がヒントのようなものを投げかけることもあるし、「こんなものもあるよ」と本物にふれる機会をつくることもある。

　子どもたちから生まれるものと、保育者の創意工夫や応答、地域の人々との出会いなど、活動のなかにいろいろな要素が入って、つながっていくことが大事だと思います。

西　形態が自由保育でも、設定保育であっても、一人ひとりがいかされる充実した時間を実現していきたいですね。そうした遊びを通して、子どもたちの世界は内的にも外的にも広げられていくのだと思います。

4　保育をともにふり返る

保育ノートや写真を通して

西　これまで写真や動画を通して保育への理解を深めてきましたが、写真は保育の中身を共有する上でも有用ですね。伊藤先生は保育園で主任を務めていたころから、写真をよく撮られていました。

伊藤　子どもの遊びにひきつけられて撮った写真をノートに貼って、感じたことを書き留めていました。その一部をまとめたのが、『保育の中の子ども達』(伊藤・西, 2012) です。本当に子どもたちが楽しく遊んでいるとき、そんな幸せな瞬間を残しておきたいなあと思ったのが出発点です。

　いつも写真を撮っているわけではないので、心に残った保育の場面をエピソードで書き残した保育ノートもありました。自分自身が保育しているときは、ずっと子どもたちと向き合っているわけだから、写真は撮れない。やっぱり主任保育士の立場だからできたことなのだと思います。

　写真だと一目でわかるし、ぱっと見た印象からもいろいろなことが考えられるということがありますよね。「発達に応じた遊び」だとか、「5歳児

のプール遊びはどんなふうに展開するか」など、言葉だけで説明するよりも、写真があった方がわかりやすい。そういうものを園に残しておくと、新しく入った保育者たちと共有することもできます。

　そんなふうに、保育を「伝える」媒体としてもよくつかっていました。ともに保育をしていく仲間との共通理解を深めることにもなるし、また主任として保育をどう考えるか伝えたいという思いもありました。保育者はその場で一生懸命に保育をしていますから、私がまた別の立場からエピソードや写真を残すことで、「こんな場面があったんだ……」と、新しい気づきが生まれることもありました。

　ただ、そんなふうに保育について「伝える」だけでなく、エピソードや写真があると、保育者どうし語り合えますよね。担任ならその子たちのことをよく知っているし、思っているから、自然と話が広がるし、理解が深められていきます。保育のエピソードや写真を通して、保育についていろんな思いを語り合えること、そこからみんなの思いが広がるのを聞けることがうれしかったです。

保育者どうしの対話

西　保育者どうしの共通理解は大切ですね。3歳未満児のクラスは複数担任で協力していくことになりますし、保育園・こども園など、勤務時間の異なる保育者たちが連携して保育をしていくためには、さまざまなコミュニケーションの工夫が求められます。エピソードを書き留めた保育ノートやそのときの様子をとらえた写真は、そうした媒体の一つですが、実際にはどんなふうにされていましたか？

伊藤　どのクラスのことも理解していたいと思っていたので、いろいろなクラスの保育を見ていました。心ひかれるエピソードや写真があるときは、事務所などで保育者と出会ったときに、「こんなことがあったね」と話しかけていました。印象に残る場面でもあり、保育者もその場を体験してい

るわけですから、「そうなんです！」と、自分の思いを生きいきと語って
くれます。また、同じ遊びの場面を、担任の保育者は違う視点から見てい
て、そのことを教えてくれたりします。やっぱりクラス担任は子どもたち
をよく見ているんだなあと思ってもいました。

　園内研修のような場も設けていましたが、特別にエピソードの勉強会と
いった形をとるのではなく、ともに働く日常のなかで話し合うことが多
かったと思います。その保育者一人と話し合うこともあれば、まわりの保
育者との間で話が広がっていくこともありました。

西　ノートが先にあるというよりは、日々の保育者どうしのかかわりが
あって、そのなかでエピソードや写真がいきてくるんでしょうね。

伊藤　保育の動画を撮ってふり返る園内研修を行ったこともあります。そ
ういうとき一番心に残ったことは、動画を撮ったのは私ですが、そこから
私以上に保育者たちの方がすぐに子どもたちの様子を見てとって、言葉に
して表現してくれるんです。動画のなかには保育者自身も映っていますが、
「こんな言い方じゃなかった方がよかったかな」とか、自分からふり返っ
てくれて、すごいことだと思いました。やっぱり保育の場面を目にすると、
クラスの担任だけでなく、ほかのクラスの保育者たちも触発されて、感じ
たこと、考えたことを語りたくなる。それが保育者というものなんだなあ
と思いました。

　それは互いに学びになる体験で、「今から大学の授業を受けたら、学生
時代よりもっとよくわかるんでしょうね」と言った保育者もいました。日々
子どもたちとふれる経験をしているからこそ、保育のことが改めてわかる
し、もっと深く考えたくなるのだと思います。

西　保育者どうしの話し合いは、多様な視点に出会えるという利点もあり
ますが、ただいろいろな意見にふれたというだけでなく、話し合い自体が
互いに学び、触発される体験になれば何よりですね。充実した遊びをして
いる子どもたちのイメージがつながっていくのと同じように、保育者たち

が日々充実した保育をしようと取り組んでいるからこそ、思いがつながっていくのだと思います。一人ひとりがいつも保育について考えているプロセスがまずあって、それが改めて深められていくのが、話し合いの意義なのでしょう。

伊藤　一日の保育のなかでは、本当にいろいろなことが起こっているわけですから、写真や動画に収められているのも、話し合いで取り上げることができるのも、そのなかのほんの一瞬です。泥だらけの手で一生懸命おだんごを握っている姿だとか、あのとき、あの子の、あの表情……それは写真ではなくても、保育者の心のなかに残っていきます。

　一人ひとりの保育者のなかで育っていくものがあるからこそ、話し合うことで学び合えるし、自分の保育を改めて考えることができるのだと思います。

　本書の動画からも、そんな話し合いが広がればと思っています。保育のなかで大切にしたい瞬間を、私たちなりにとらえ、考えてきたことを形にしたつもりです。でも、それだけが保育のとらえ方だというのではなくて、読者の方々が感じたこと、考えたことを教えていただければ幸いですし、保育についてともに考えていくことができればと願っています。

文献

◎ 伊藤美保子・西隆太朗（編）（2012）『保育の中の子ども達——ともに歩む日々』大学教育出版

◎ 伊藤美保子・西隆太朗（2020）『写真で描く乳児保育の実践——子どもの世界を見つめて』ミネルヴァ書房

◎ 鯨岡峻・鯨岡和子（2004）『よくわかる保育心理学』ミネルヴァ書房

◎ 倉橋惣三（1965）「育ての心」『倉橋惣三選集 第三巻』フレーベル館

◎ 厚生労働省（2017）『保育所保育指針〈平成29年告示〉』フレーベル館

◎ ドナルド・A. ショーン（柳沢昌一・三輪建二　訳）（2007）『省察的実践とは何か——プロフェッショナルの行為と思考』鳳書房

◎ 田中昌人（1985）『乳児の発達診断入門』大月書店

◎ 津守房江（1984）『育てるものの目』婦人之友社

◎ 津守房江（1988）『育てるものの日常』婦人之友社

◎ 津守真（1973）「土をこねる」『幼児の教育』72(1), pp.70-71

◎ 津守真（1974）「保育研究転回の過程」津守真・本田和子・松井とし・浜口順子『人間現象としての保育研究（増補版）』光生館, 1999, pp.3-42

◎ 津守真（1979）『子ども学のはじまり』フレーベル館

◎ 津守真（1980）『保育の体験と思索——子どもの世界の探究』大日本図書

◎ 津守真（1989）『保育の一日とその周辺』フレーベル館

◎ 津守真（1997）『保育者の地平——私的体験から普遍に向けて』ミネルヴァ書房

◎ 津守真（2000）「保育者の地平」『発達』83, pp.61-67

◎ 津守真（2002）「保育の知を求めて」『教育学研究』69(3), pp.357-366

◎ 西隆太朗（2018）『子どもと出会う保育学——思想と実践の融合をめざして』ミネルヴァ書房

◎ ネル・ノディングズ（佐藤学　監訳）（2007）『学校におけるケアの挑戦——もう一つの教育を求めて』ゆみる出版

※津守眞は、後年「眞」と表記することを選んでいますが、文献欄では出版時の表記を挙げています。

おわりに

　育ちゆく子どもたちの姿と、それを支える保育者のかかわりに心ひきつけられて、私たちは保育の観察を続けてきました。時の経つのは早いもので、本書に登場してもらった子どもたちも年長児になったり、もう卒園を迎えたりしています。子どもたちの目覚ましい成長を改めて感じさせられますが、そうした発達は、日々の生活や、子どもたちが心から楽しむ遊びによって可能になっています。その過程を支えている保育者にも、それぞれに個性と持ち味、子どもたちへの感受性・応答性があります。そんな過程を観察することによって、私たちも多くのことを学んできました。

　人間の成長とは、発達の結果として目に見えるだけでなく、日々の何気ない遊びと生活、それぞれに個性ある人々の出会いを積み重ねるなかで進行する過程だととらえられます。保育のなかでその過程をとらえる視点を、本書では動画を通して示してきました。読者の方々には、動画からさまざまに保育への理解を深めていただければと思います。そのことが自他の保育についても、目立った結果だけでなく日々の過程を味わい、理解を深めることにつながるのではないかと思っています。

　いつも生きいきと遊ぶ姿を見せてくれて、伸びゆく時期を私たちとも一緒に過ごしてくれた子どもたちに、感謝いたします。本書の出版は、子どもたちの力を与えられることによって、実現することができました。動画と事例の出版についてご理解・ご承諾をいただいた保護者の皆様に、感謝いたします。子どもたちの成長記録と受け止めてくださった保護者からの声もいただけたことをうれしく思っています。

　子どもたちが力いっぱいに伸びていける保育の場を実現されてきた、社会福祉法人倉敷福祉事業会・昭和保育園と保育者の方々に感謝いたします。

本書の動画のほとんどは、小野啓子先生が園長を務められたころのものです。小野先生にはいつも温かく迎え入れていただき、ともに保育について語り合ってくださったこと、ときにはご自身の保育実践を見せていただいたことで、私たちも保育への理解を深めることができました。現園長の浅尾明美先生には、引き続き園での観察を受け入れていただき、また本書の出版についてもご協力をいただきました。本当に、ありがとうございました。

　本書での観察研究については Froebel Trust Open Call Research Grant の助成を、また本書の出版については、ノートルダム清心女子大学研究出版助成をいただきました。ひとなる書房・名古屋研一氏からは、いつも温かい共感と励ましをいただきました。また本書の編集にあたられた大舘悠太氏には、保育者としての経験に基づくご理解もいただき、大変ていねいな示唆をいただきました。本書に携わってくださったすべての方々に、お礼申し上げます。

　私たちにとって、心に残る保育の場面を形にできたことをうれしく思います。保育への思いを共有し、保育について語り合って理解を深める体験が広がることを願っています。

2023 年のはじまりに
西　隆太朗・伊藤美保子

Funded by
Froebel Trust

❧ 著者プロフィール

西　隆太朗 にし　りゅうたろう

　ノートルダム清心女子大学教授。保育における関係性の意義について、子どもたちとかかわりながら、保育学的・臨床心理学的研究を進めている。
　著書『子どもと出会う保育学──思想と実践の融合をめざして』（ミネルヴァ書房）ほか。

伊藤美保子 いとう　みほこ

　ノートルダム清心女子大学准教授。保育者を長年務め、子どもたちの姿にひきつけられて、保育の観察研究を続けている。
　共著『写真で描く乳児保育の実践──子どもの世界を見つめて』（ミネルヴァ書房）ほか。

❧ 装幀・本文デザイン──山田道弘

動画で学ぶ乳児保育
0・1・2歳児の遊びと援助

2023年 3 月31日　初版発行

著　者　西　隆太朗
　　　　伊藤美保子
発行者　名古屋研一

発行所　㈱ひとなる書房
東京都文京区本郷2-17-13
電話　03-3811-1372
FAX　03-3811-1383
e-mail: hitonaru@alles.or.jp